Willi Hoffsümmer

Das Wunder dieses Morgens

Willi Hoffsümmer

Das Wunder dieses Morgens

77 Geschichten für die österliche Zeit
zum Vorlesen in Kindergarten, Schule und Gemeinde

HERDER

FREIBURG · BASEL · WIEN

FÜR INGE RULAND

Abkürzung »Troubadour« = Liederbuch
»Troubadour für Gott«, Kolping-Bildungswerk, Sedanstr. 25, 97082 Würzburg.

www.herder.de

Umschlaggestaltung Finken & Bumiller
Titelbild: Betina Gotzen-Beek

Herstellung: fgb · freiburger graphische betriebe
www.fgb.de

Gedruckt auf umweltfreundlichem,
chlorfrei gebleichtem Papier
ISBN 3-451-28022-1

INHALT

I. Fastenzeit als Vorbereitung auf Ostern

GESCHICHTEN FÜR 3- BIS 7-JÄHRIGE

GESCHICHTEN FÜR 6- BIS 10-JÄHRIGE

Geeignete Geschichten für Erwachsene

Aus Kapitel I.:
Fastenzeit als Vorbereitung auf Ostern
Aus: Für 3- bis 7-Jährige: Nr. 5, S. 14ff; Nr. 9, S. 20ff; Nr. 10, S. 22f;
eventuell: Nr. 3, S. 12f; Nr. 6, S. 16f.
Aus: Für 6- bis 10-Jährige: Nr. 3, S. 29; Nr. 4, S. 30; Nr. 5, S. 31; Nr. 10, S. 43f; Nr. 12, S. 47; Nr. 16, S. 55; Nr. 17, S. 56f.; Nr. 19, S. 58ff; Nr. 22, S. 63f; Nr. 25, S. 68ff;
eventuell: Nr. 8, S. 39f; Nr. 18, S. 58; Nr. 23, S. 65f.

Aus Kapitel II.:
Das Fest der Feste: Ostern
Aus: Für 6- bis 10-Jährige: Nr. 2, S. 89f.; Nr. 3, S. 90ff; Nr. 7, S. 100f; Nr. 8, S. 102f; Nr. 9, S. 103f; Nr. 10, S. 105f; Nr. 11, S. 107;
eventuell: Nr. 1, S. 87ff; Nr. 4, S. 93f; Nr. 5, S. 95f; Nr. 6, S. 96ff.
Eventuell aus: Für 3- bis 7-Jährige: Nr. 8, S. 84f.

Aus Kapitel III.:
Fest Christi Himmelfahrt
Eventuell aus: Für 3- bis 7-Jährige: S. 110f.
Eventuell aus: Für 6- bis 10-Jährige: Nr. 4, S. 121ff.

Aus Kapitel IV.:
Pfingsten: Fest der offenen Türen
Aus: Für 6- bis 10-Jährige: Nr. 4, S. 139ff; Nr. 5, S. 141ff; Nr. 7, S. 147f, Nr. 8, S. 148ff; Nr. 10, S. 154f; Nr. 11, S. 155f.
Eventuell: Nr. 3, S. 136ff; Nr. 6, S. 143ff; Nr. 9, S. 152f.
Eventuell aus: Für 3- bis 7-Jährige: Nr. 3, S. 131f.

I. Fastenzeit als Vorbereitung auf Ostern

Es ist vielleicht verwunderlich, dass der Osterfestkreis mit der Fastenzeit beginnt. Aber jedes Fest will vorbereitet sein mit Aufräumen, Einkaufen, Planungen ... So versteht sich auch die Fastenzeit: Wer den Gipfel »Ostern« feiern will, muss erst den anstrengenden Aufstieg wagen. Wer ihn eben mal schnell mit der Seilbahn erreicht, hat beim Erleben und Feiern oben kaum Tiefgang. Mit dem anstrengenden Aufstieg ist gemeint: Kehr um, wende dein Gesicht wieder der Sonne Gottes zu, sage nein zu allem, was dich vom Wege abbringen kann und geh auch in Zweifel und Dunkelheit weiter.

1. Das Feuer am Aschermittwoch

Thema: Aschermittwoch.
Hinführung: Manche wissen gar nicht, warum der heutige Tag »Aschermittwoch« heißt.
Die Geschichte verrät euch einiges.
Vorlesedauer: 2 1/2 Minuten

Tina, die jetzt ins 1. Schuljahr geht, erzählt gerne, was sie im Kindergarten erlebt hat: Am Aschermittwoch kam Frau N.N. (hier die Bezugsperson nennen) immer mit einem großen Topfdeckel und einem Arm voller Luftschlangen in die Gruppe. Wir freuten uns schon auf die große Stichflamme. Aber zuerst ließ sie die Luftschlangen erzählen: »Undankbare Menschen! Gestern und vorgestern und vorvorgestern, da warfen uns die Leute voll Freude in die Luft, da schmückten wir Räume, ja Häuser. Es wurde gesungen und geschunkelt. Da war Freude und Stimmung. Aber heute? Ratsch, ratsch wurden wir heruntergerissen und in den Müll geworfen. Keiner will uns mehr haben. Undankbar sind die Menschen.«

Dann nahm Frau N.N. Streichhölzer und zündete einen Teil an. Eine hohe Flamme brachte alle Mobiles an der Decke des Raumes in Bewegung. Dann fiel das Feuer schnell in sich zusammen. Was blieb übrig von den lustigen Luftschlangen? Nur Asche. Ein paar von uns durften sie mit dem Finger berühren. Wirklich: ganz schwarze Asche! Dann sagte Frau N.N. und wir wurden dabei etwas traurig: »Es bleibt immer nur Asche und Staub übrig. Auch von deinem Lieblingsteddybär bleibt nur Asche über, wenn er verbrennt. Auch von einem Auto, einem Haus und – von einem Menschen.

Doch heute können die Leute in die Kirche gehen. Sie bekommen vom Pastor ein Kreuz aus Asche auf die Stirn gemalt. Sie hören dabei die Worte: ›Alles wird zur Asche. Aber Jesus ist stärker. Er hat die Asche und den Tod besiegt. Darum feiern wir bald Ostern: Jesus ist vom Tod auferstanden. Jesus ist stärker!‹«

Zum Schluss stellte sie immer eine kleine Kerze in die Asche der Luftschlangen. Sie zündete die Kerze an und sagte: »Das vergessen wir nicht: Jesus ist stärker als alle Asche. Dieses kleine Licht da kann alle Dunkelheit der Welt nicht löschen. Ist das nicht toll?! Darum halten wir uns an Jesus fest, denn der ist stärker als alles!«

(Wenn Sie die geschilderte Aktion selbst durchführen möchten, achten Sie bitte darauf, dass es brennbare Luftschlangen sind!)

2. Ein Kreuz aus Asche

Thema: Aschermittwoch.

Hinführung: Asche und Staub erinnern daran, dass wir uns nicht immer freuen können. Darum gibt es diesen Tag, der »Aschermittwoch« heißt.
Und wenn ihr gut zuhört, könnt ihr erfahren, dass wir uns doch immer freuen können.

Vorlesedauer: 2 Minuten

»Wirf bitte das Schälchen mit Asche nicht um«, rief Frau Schneider ihrer Tochter Julia zu.

»Wo kommt die denn her?«, wollte Julia wissen, »und was willst du damit?«

»Gleich zwei Fragen auf einmal«, sagte die Mutter, »erstens hat unsere Küsterin im Moment richtig Stress. Da hat sie mir ein paar vertrocknete Palmzweige vom letzten Jahr gegeben und gesagt: ›Ach, sind

Sie so nett und machen Asche daraus. Ich glaub', ich schaffe das nicht mehr bis Aschermittwoch.‹ Aber ja, hab ich gesagt.‹ Und jetzt steht sie da, damit sie morgen vom Pastor als Kreuz den Kindern und Erwachsenen auf die Stirn gemalt wird. Zuerst segnet er die Asche aber mit Weihwasser. Das hat den Vorteil, dass sie auch gut auf der Stirn hält.«

Der Vater brummt hinter seiner Zeitung her: »Ich finde das nicht gut, dass sogar schon kleine Kinder dabei an den Tod erinnert werden. Die kommen noch früh genug mit den traurigen Dingen der Welt in Kontakt!«

»Das darfst du aber nicht so negativ sehen«, sagte die Mutter, »am Ende der Fastenzeit ist ja das Osterfest. Jesus musste auch erst in den Staub der Welt, in den Tod, dann aber zeigte er, dass er stärker ist als der Tod. Das glauben wir doch und das feiern wir an Ostern. Warum sollen die Kinder nicht früh genug erfahren, dass alle Tiere und Menschen sterben müssen, dass aber das Kreuz wie ein Plus auf unserer Stirn ist?: Jesus ist stärker als die Angst vor dem Tod!«

3. Die zerbrochene Teekanne

Thema: Zerbrochen und doch noch wertvoll.

Hinführung: Wir hören von einer stolzen Teekanne, die am Ende der Geschichte glücklich ist, obwohl sie fast ganz zerbrochen war.

Vorlesedauer: 2 Minuten

Es war einmal eine wunderschöne Teekanne. Sie stand stolz in ihrer ganzen Pracht auf dem Tisch. Sie ließ alle spüren, die Tassen und Untertassen, die Löffelchen, die Zucker- und Sahnedose, dass sie die Königin auf dem Tisch war. Was wären die anderen denn auch wert gewesen, wenn sie nicht den kostbaren Tee spendete?!

Eines Tages ließ sie einer fallen. O weh! Jetzt war ihre Schönheit in einem einzigen Augenblick verloren gegangen: Der Deckel war zerbrochen, der Henkel ab und die Tülle, der schöne Ausguss, war abgesplittert. Darum wurde sie in eine Ecke gestellt. Sie hörte ganz deutlich das Gelächter der anderen auf dem Tisch; die freuten sich diebisch, dass die stolze Kanne endlich ihren Teil abbekommen hatte.

Aber sie wurde nicht in den Müll geworfen. Sie wurde einer armen Frau mitgegeben. Diese machte das Furchtbarste, das man einer einst schönen Teekanne antun kann: Sie legte Dreck in ihren Leib. Ja da, wo einmal die edelsten Teesorten gelegen hatten, da füllte sie Erde hinein! Doch in diese Erde legte sie eine Blumenzwiebel. Bald merkte die Teekanne, dass sie ein neues Herz bekommen hatte: nicht mehr eins aus Stein, das stolz und kalt war, sondern ein lebendiges Herz, das zufrieden wurde. Sie spürte, wie die Blumenzwiebel wuchs und langsam eine wunderbare Blüte entfaltete. Die war so schön, dass sie beide aufs Fensterbrett gestellt wurden. Manche Leute blieben auch stehen und freuten sich über die schöne Blüte. Die Teekanne schauten sie dabei nicht an, aber die wusste, dass sie den Wurzeln Halt gab und die Erde für die Blume feucht hielt. Sie war dabei so glücklich und zufrieden, wie noch nie in ihrem Leben – jetzt, wo sie ganz für diese wunderschöne Blume da war.

nach einem Märchen von Hans Christian Andersen

(Wenn ein Kind unter ein Auto gekommen ist und jetzt Arme und Beine nicht mehr richtig bewegen kann, oder ein alter kranker Mensch häufig im Bett liegen muss: Sie sind beide noch wichtig wie die Teekanne nach ihrem Sturz und können noch viel Gutes tun. – Es kann auch angedeutet werden, dass es wichtiger ist, anderen zu helfen als sich selbst zu bewundern.)

4. Markus tut etwas Leid

Thema: Gewissen bilden.

Hinführung: Manchmal kommt es auch im Kindergarten dazu, dass sich Kinder schlagen und bespucken und ganz schlimm kratzen. Wir hören von einem, der da mitgemacht hat.

Vorlesedauer: 1 Minute

Markus sitzt in der Badewanne. Grün schimmert das Wasser und weißlich der Schaum. Markus plätschert und aalt sich. Ihm ist wohlig warm. Er spielt mit dem Schiffchen. Er lacht und freut sich. Doch auf einmal guckt er traurig.

»Was hast du?«, fragt die Mutter, die gerade hereinkommt.

»Los, gib's ihm!, haben sie alle gerufen«, sagt Markus. »Los, gib's ihm! Los, gib's ihm!«

»Ja, und?«, fragt die Mutter. »Wie ging es weiter?«

»Na, da hab' ich ihn eben verhauen. Ganz kräftig.

Gut, Markus, immer feste!, haben die anderen geschrien. Und ich immer auf ihn und auf ihn, immer noch mal. Der hat unten gelegen und geheult, sag' ich dir.«

»Und was macht dich nun traurig?«, fragt die Mutter.

»Er war noch so klein«, sagt Markus.

Friderun Krautwurm

5. Das Kind mit den grossen Händen

Thema: Teilen können.

Hinführung: Es gibt Kinder, die müssen alles haben, was sie sehen. Ihre Hände wollen immer mehr haben, aber zufrieden und glücklich werden sie trotzdem nicht.

Vorlesedauer: 3 $^1/_2$ Minuten

Es war einmal ein Kind, das bekam alles, was es sich wünschte. Die Eltern ließen sich nicht lange anbetteln, sie kauften ihm alles. Sie sagten sich dabei immer: Unser Kind soll es einmal besser haben als wir!

Das Kind hatte immer mehr Wünsche. Wenn es mit den Eltern an einem Schaufenster vorbeikam oder durch den Supermarkt ging, streckte es seine Hand aus und sagte nur: »Das da!« und »Oh, das auch noch!« Und schon kauften die Eltern das Gewünschte. Bald war sein Kinderzimmer so vollgestopft, dass Freunde keinen Platz mehr fanden und wegblieben.

Das Kind wurde langsam größer, aber viel schneller noch wuchsen seine Hände. Es dauerte nicht lange, da konnte das Kind seine Schuhe im Stehen öffnen, so groß und lang waren seine Hände geworden.

Die Eltern sorgten sich darüber. Sie suchten einen Arzt nach dem anderen auf, aber niemand konnte sagen, warum die Hände viel schneller wuchsen. Bald blickten die Leute verwundert auf das Kind mit den großen Händen. Einige lachten sogar, weil sie so große Kinderhände nie gesehen hatten. Das Kind schämte sich und hielt die Hände auf dem Rücken verschränkt, damit sie niemand mehr sähe. Nur, sobald es ein schönes Spielzeug erblickte oder sich irgendeine Süßigkeit wünschte, ging die Hand blitzschnell nach vorne, wenn es sagte: »Das da!« und »Oh, das auch noch!«

Schließlich kam das Kind in ein Krankenhaus. Die Ärzte stellten alle möglichen Untersuchungen an, aber niemand wusste einen Rat. Die Eltern waren verzweifelt. Da hörten sie von einem alten, weisen Mann, der weit von der Stadt entfernt lebte. Sie fuhren sofort zu ihm.

Der Weise ließ sich alles genau erzählen, sah die rasch gewachsenen Hände an, dachte lange darüber nach und sagte schließlich: »Euer Kind hat immer etwas bekommen und immer noch mehr genommen. Ihr habt vergessen, das Kind das Wichtigste zu lehren, was ein Mensch lernen kann: Das Geben und das Teilen. Diese großen Hände sehen mittlerweile wie große Gefäße aus, die nur gierig raffen, aber nicht verteilen können. Bringt ihm das Wichtigste noch bei: zu geben und zu teilen und ihr werdet sehen, wie die Hände wieder schrumpfen.«

Wenn ihr heute durch die Stadt/das Dorf geht, dann achtet mal auf die Leute, die ihre Hände verstecken, weil sie zu groß geworden sind. Vielleicht gibt es auch hier in der Runde welche. Aber am besten ist: Betrachtet mal eure Hände, ob sie nicht auch schon ein wenig zu groß geraten sind.

Hermann Multhaupt

6. Sich alles wünschen können?

Thema: Von der Versuchung, alles haben zu wollen.

Hinführung: Stellt euch vor, Kinder, ihr bekämt alles, was ihr euch wünscht? Wärt ihr dann glücklicher als andere?

Vorlesedauer: 2 Minuten

Einmal erfreuten drei Zauberer die Kinder einer Stadt mit allerlei lustigen Zauberstücken. Als die Zauberer weiterziehen wollten, sagten sie: »Ihr habt einen Wunsch frei. Was ihr auch wünscht, es wird sich prompt erfüllen!« Die Kinder waren schlau, berieten sich lange, dann wünschten sie sich: »Jeder unserer Wünsche soll sich sofort erfüllen!« Die Zauberer sagten: »Gut. Es sei so!« Die Kinder waren begeistert. Sie waren sich sicher, guten Zauberern begegnet zu sein.

Jetzt wünschten sie sich alles, was sie begehrten: Autos, Spielzeug, Eisenbahnen, Schlittschuhe (jetzt alles einfügen, was gerade »in« ist) ... Du wärst sicher auch gerne bei diesen Kindern gewesen? Bald türmte sich alles auf. Was sie auch wünschten, sofort war es da!

Aber dann: Sie wünschten sich weniger Tag für Tag; denn alles zu bekommen, ist unausstehlich und langweilig und macht traurig!

Da schickten sie schließlich Leute hinter den Zauberern her mit der Bitte: »Nehmt dieses Glück wieder zurück! Wir können uns nicht mehr freuen!«

Aber nirgends wurden die Drei gefunden. Jetzt wussten die Kinder: Die Zauberer waren böse gewesen.

Da kam eines der Kleinsten auf die Idee: Wir wünschen uns einfach fort, dass sich alle Wünsche sofort erfüllen!

Und siehe da: Es klappte. Und ihr Leben wurde wieder spannend und froh. Was meint ihr denn nun, waren die Zauberer gut oder böse?

nach dem Gedicht »Die Geschichte vom Wunsch aller Wünsche« von Michael Ende

7. Bejubelt und fallen gelassen

Thema:	Palmsonntag.
Hinführung:	Heute bist du beliebt. Morgen stehst du ganz allein. Hast du das auch schon einmal erfahren?
Vorlesedauer:	3 Minuten

Bestimmt kennt ihr die Geschichte von Jesus, wie er am Palmsonntag von allen bejubelt in Jerusalem eingezogen ist. Vielleicht ist es dir auch schon so ähnlich ergangen wie Jesus: Zuerst wirst du bejubelt und dann, wenn etwas nicht mehr so klappt, hat man dich beschimpft.

Ich möchte euch daher von Hansi erzählen, wie es ihm kürzlich in der Schule ergangen ist, und was er mir berichtete:

Vor zwei Wochen haben wir in der Schule Völkerball gespielt. Ich war gut in Form: Einen nach dem anderen habe ich abgeschossen. Meine Mannschaft schrie vor Begeisterung. Nachher klopften sie mir auf die Schulter. Sogar mein Lehrer hat meine Leistung gelobt: »Du bist ja einfach unschlagbar, Hansi!«

Heute haben wir wieder Völkerball gespielt. Im Wettkampf gegen eine Klasse der Nachbarschule. Unsere Spieler waren ganz siegesbewusst: »Was kann uns mit dem Hansi schon passieren?«, sagten sie vor dem Spiel. Einige wollten in der Schülerzeitung darüber berichten. Endlich war es so weit.

Am Anfang konnte ich drei Gegner abschießen. Ein Riesenjubel! Aber dann kam plötzlich ein Ball, der mich zu scharf traf. Ich musste ins

Abseits. Zwar konnte ich mich schnell wieder freiwerfen, aber jetzt war ich nervös. Das Pech verfolgte mich. Und weil ich den Ärger meiner Freunde spürte, spielte ich immer schlechter. Wir verloren das Spiel. Alle schoben die ganze Schuld auf mich. Mein bester Freund verdächtigte mich, das Spiel absichtlich vermasselt zu haben. Er schimpfte: »Den lassen wir nicht wieder mitspielen! Alles hat er uns verdorben! Absichtlich. Dass er hervorragend spielen kann, hat er ja bewiesen. Er soll nur nicht glauben, dass es ohne ihn nicht geht!«

Dass ausgerechnet mein bester Freund sich so gegen mich stellte, war zu viel für mich. Ich rannte nach Hause und sperrte mich in mein Zimmer ein. Niemand sollte meine Tränen sehen. Vor zwei Wochen noch der Jubel, und heute ... Und dazu das Verhalten meines besten Freundes ...

Auf einmal kam mir die letzte Religionsstunde in den Sinn. Da war vom Palmsonntag die Rede. Jetzt konnte ich Jesus viel besser verstehen. Ich fühlte, wie ihm zumute gewesen sein muss, als man ihm »Hosanna!« zugeschrieen hat. Er sah ja schon voraus, dass sie bald darauf schreien würden: »Kreuzige ihn!«

Da habe ich mir fest vorgenommen, immer zu ihm zu halten. Ich will kein untreuer Freund sein, der gleich mit den anderen mitschreit.

Josephine Hirsch

8. Ein Hörnlein bläst den Tod an

Thema: Sein Leben für einen anderen hingeben.

Hinführung: Wir sagen: Jesus ist wie ein guter Hirte für seine Schafe gestorben. Die »Wölfe« haben ihm nach dem Leben getrachtet und es auch geschafft. Das klingt so weit entfernt, ereignet sich aber oft im Leben, z.B. wenn ein Feuerwehrmann in ein brennendes Haus stürzt, um ein Kind zu retten und kommt dabei um. Wir hören eine ähnliche Geschichte.

Vorlesedauer: 3 $^1/_2$ Minuten

Eines Morgens im Sommer kam für Herrn Busch, der im Steinbruch arbeitete, ein wichtiger Brief an. Frau Busch, die wusste, wie sehr ihrem Mann an dem Brief gelegen war, rief den kleinen Oskar sogleich vom Fußballspielen herein, wusch und kämmte ihn, steckte ihm den Brief in die Tasche und schickte ihn zum Steinbruch.

»Eil dich, Oskar«, sagte die Mutter, »denn der Vater wird sich über den Brief freuen, und komm rasch wieder zurück, damit ich mir keine Sorgen zu machen brauche!« Oskar kannte den schmalen Weg, den er gehen durfte, ganz allein, und er wusste auch die anderen Wege, die zu gefährlich waren. Er schritt rüstig aus und flötete, als er den Waldrand erreichte. In einer Viertelstunde würde er im Steinbruch sein. Als er nur noch wenige hundert Schritt von dem großen Steinbruch entfernt war, hörte er ein Hörnlein blasen, und der Ton schien ihm gerade von dorther zu kommen, wo er hin wollte. Er ging also etwas schneller, um im Steinbruch den Mann mit dem lustigen Hörnlein zu finden.

Als der Junge aber in dem großen Rund des Steinbruchs ankam, war weit und breit kein Mensch zu sehen. Die Wägelchen waren zur Seite geschoben, und die Arbeiter, die sonst an den steilen Wänden standen und pickten und hackten, waren nicht da.

Das Hörnlein, das Oskar gehört hatte, war aber vom Sprengmeister zur Vorsicht geblasen worden. Sie hatten Pulver in den Fels geschüttet, und dann waren alle Männer weit fortgelaufen, weil der Sprengmeister die lange Zündschnur schon angezündet hatte und in einer halben Minute der große Fels hoch in die Luft fliegen sollte.

Oskar wusste von alldem nichts und stand mutterseelenallein mit seinem Brief mitten im Steinbruch. Als er aber den Vater nirgendwo sah, begann er »Vater, Vater!« zu rufen. Der Vater aber war weit weg, in einer festen Bauhütte, nur der Sprengmeister war noch in der Nähe. Er hörte das Kind schreien. Vorsichtig lugte er aus dem Loch, das er sich zum Schutz gegraben hatte. Ein eisiger Schrecken durchfuhr ihn. Ehe man bis zwölf gezählt hätte, würde der ganze Fels hochfliegen, und die Trümmer würden das arme Kind dort erschlagen!

Er rief – aber Oskar fand nicht heraus, von wo der Ruf kam. Da sprang der Meister kurzerhand aus seinem Schutzloch – noch sechs Sekunden! – rannte mit Riesensätzen zu dem Kind hin und riss es fort. Er zerrte es am Arm mit sich – vier Sekunden! –, dann aber krachte der Sprengschuss schon mit mächtigem Getöse, und in Staub und Wolken prasselten die Felsblöcke hernieder.

Der Sprengmeister warf sich auf den Boden und warf im Fallen den kleinen Oskar unter sich.

Dann kamen die Männer aus ihren Verstecken. Sie fanden den Sprengmeister tot. Er hatte mit seinem Hörnlein seinen eigenen Tod angeblasen. Ein großer Steinblock hatte seinen Kopf zerschmettert. Unter ihm aber lag der kleine Junge und war unversehrt, wenn er auch, aber nur vor Schrecken, laut schrie.

Josef Quadflieg

9. Die Vorboten des Todes

Thema: Krankheit und Tod.

Hinführung: Wenn wir krank werden, hat das seine guten Seiten: Wir werden stärker, denn jede Krankheit fordert den Körper heraus, sich besonders anzustrengen. Wir hören ein Märchen, das aber auch aussagt: Krankheiten erinnern uns daran, dass wir nur Menschen sind, die einmal sterben müssen.

Vorlesedauer: 3 ½ Minuten

Vor alten Zeiten wanderte einmal ein Riese auf der großen Landstraße, da sprang ihm plötzlich ein unbekannter Mann entgegen und rief: »Halt! Keinen Schritt weiter!« »Was«, sprach der Riese, »du Wicht, den ich zwischen den Fingern zerdrücken kann, du willst mir den Weg vertreten? Wer bist du, dass du so keck reden darfst?« »Ich bin der Tod«, erwiderte der andere, »mir widersteht niemand und auch du musst meinen Befehlen gehorchen.« Der Riese aber weigerte sich und fing an, mit dem Tode zu ringen. Es war ein langer, heftiger Kampf, zuletzt behielt der Riese die Oberhand und schlug den Tod mit seiner Faust nieder, dass er neben einem Stein zusammensank.

Der Riese ging seiner Wege, und der Tod lag besiegt da und war so kraftlos, dass er sich nicht wieder erheben konnte. »Was soll daraus werden«, sprach er, »wenn ich da in der Ecke liegen bleibe? Es stirbt niemand mehr auf der Welt, und sie wird so mit Menschen angefüllt werden, dass sie nicht mehr Platz haben, nebeneinander zu stehen.«

Indem kam ein junger Mensch des Wegs, frisch und gesund, sang ein Lied und warf seine Augen hin und her. Als er den halb Ohnmächtigen erblickte, ging er mitleidig heran, richtete ihn auf, flößte ihm aus seiner Flasche einen stärkenden Trank ein und wartete, bis er wieder zu Kräften kam. »Weißt du auch«, fragte der Fremde, indem er sich aufrichtete, »wer ich bin und wem du wieder auf die Beine geholfen hast?« »Nein«, antwortete der junge Mann, »ich kenne dich nicht.« »Ich bin der Tod«, sprach er, »ich verschone niemand und kann auch mit dir keine Ausnahme machen. Damit du aber siehst, dass ich dankbar bin, so verspreche ich dir, dass ich dich nicht unversehens überfallen, sondern dir erst meine Boten senden will, bevor ich komme und dich abhole.« »Wohlan«, sprach der junge Mann, »immer ein Gewinn, dass ich weiß, wann du kommst, und so lange wenigstens sicher vor dir bin.« Dann zog er weiter, war lustig und guter Dinge und lebte in den Tag hinein.

Allein Jugend und Gesundheit hielten nicht lange an, bald kamen Krankheiten und Schmerzen, die ihn bei Tag plagten und ihm nachts die Ruhe wegnahmen. »Sterben werde ich nicht«, sprach er zu sich selbst, »denn der Tod sendet erst seine Boten; ich wollte nur, die bösen Tage der Krankheit wären erst vorüber.« Sobald er sich gesund fühlte, fing er wieder an, in Freuden zu leben. Da klopfte ihm eines Tages jemand auf die Schulter: Er blickte sich um und der Tod stand hinter ihm und sprach: »Folge mir, die Stunde deines Abschieds von der Welt ist gekommen.« »Wie«, antwortete der Mensch, »willst du dein Wort brechen? Hast du mir nicht versprochen, dass du mir, bevor du selbst kämest, deine Boten senden wolltest? Ich habe keinen gesehen.« »Schweig«, erwiderte der Tod, »habe ich dir nicht einen Boten über den andern geschickt? Kam nicht das Fieber, stieß dich an, rüttelte dich und warf dich nieder? Hat der Schwindel dir nicht den Kopf betäubt? Zwickte dich nicht der Zahnschmerz in deinen Backen? Ward dir's nicht dunkel vor den Augen? Über das alles, hat nicht mein leiblicher Bruder, der Schlaf, dich jeden Abend an mich erinnert? Lagst du nicht in der Nacht, als wärst du schon gestorben?« Der Mensch wusste nichts zu erwidern, ergab sich in sein Geschick und ging mit dem Tode fort. *Gebrüder Grimm*

10. Das Tränenkrüglein

Thema: Tod – Trauer.

Hinführung: Wenn ein Kind stirbt, ist das besonders für die Mutter schlimm. Wir hören von einer Mutter, die sich die Augen ausgeweint hat. Aber das war nicht richtig.

Vorlesedauer: 2 Minuten

Es war einmal eine Mutter. Die hatte ein einziges Kind. Und sie hatte das Kind lieb von ganzem Herzen.

Eines Tages schickte Gott der Herr eine große Krankheit. Die erfasste auch jenes Kind. Drei Tage wachte die Mutter am Bett bei ihrem kranken Kindlein. Dann starb es.

Die arme Mutter war nun ganz allein. Sie aß nicht und trank nicht und weinte, weinte ohne Aufhören und rief nach ihrem Kinde. Wie sie nun in der dritten Nacht ganz müde von Tränen und Schmerz an der Stelle saß, wo ihr Kind gestorben war, ging leise die Tür auf. Die Mutter schrak zusammen, denn vor ihr stand ihr Kind. Das sah nun aus wie ein Englein und lächelte fein und schön. In seinen Händen trug es ein Krüglein, das war übervoll. Und das Kind sprach: »O liebe Mutter, weine nicht mehr um mich! Schau, in diesem Krug sind deine Tränen, die du um mich geweint hast. Wenn du nur noch *eine* Träne um mich weinst, so wird das Krüglein überfließen, und ich werde dann keine Ruhe haben im Grabe und keine Seligkeit im Himmel. Darum, liebes Mütterlein, weine nicht mehr um dein Kind, denn dein Kind ist wohl aufgehoben und glücklich bei den Engeln.« Damit verschwand das tote Kind und die Mutter weinte hinfort keine Träne mehr. *Ludwig Bechstein*

(Jetzt auch von der Auferstehung Jesu her begründen, warum die Mutter nicht endlos weinen muss.)

11. Vom Hosanna bis zum Halleluja

Thema: Palmsonntag, Karfreitag, Ostern.
Hinführung: Kindergarten und Schule sind um Ostern geschlossen. Da ist es wichtig, dass die Kinder in der Zusammenschau von Palmsonntag, Karfreitag und Ostern erleben, was mit Jesus geschah.
Vorlesedauer: 4 Minuten

Tina, die jetzt ins 1. Schuljahr geht, erzählt gerne: Am letzten Tag vor den Osterferien hatte Frau N.N. (hier die Bezugsperson nennen) immer unser Kreuz aus der Kindergartengruppe mit einem Tuch verhüllt und legte es mitten in unseren Kreis auf den Boden. Dann gab sie jedem von uns einen kleinen Palmzweig in die Hand. Sie sagte: »Diese Palmzweige haben wir vom Pastor. Er hat sie alle gesegnet. Als Jesus damals auf einem Esel in Jerusalem einzog, haben die Leute viel größere Palmzweige in den Händen gehabt, sie begeistert hin und her geschwenkt und gerufen: ›Hosanna, hosanna!‹ Das heißt so viel wie: ›Hilf uns doch, König. Wir haben nicht viel zu lachen. Sei du unser König.‹« Dann haben auch wir den Palmzweig hin und her geschwenkt und immer wieder »Hosanna, hosanna« gerufen.

Dann sagte Frau N.N.: »Ihr seht, das Kreuz ist verhüllt. Man mag gar nicht hinschauen: Wenige Tage später haben sie Jesus ans Kreuz geschlagen und getötet. Die Mächtigen wollten keinen neuen König. Und Jesus hat sich nicht gewehrt. Wir trauern um Jesus: Er hat es so gut gemeint, er hat so vielen Menschen geholfen und dann so was!« Dann haben wir als Zeichen der Trauer unsere Palmzweige auf das Kreuz gelegt, einzeln und ganz ruhig.

Schließlich hat Frau N.N. das Tuch an den Seiten zurückgestreift. Wir konnten die Hände und Arme Jesu sehen. »Mit diesen Händen will er uns umarmen. So einer ist Jesus!« Dann hat sie uns die Füße gezeigt, die bei unserem Kreuz – wie die Hände – keine Nägel haben, und sie sagte: »Mit diesen Füßen will Jesus zu allen Menschen gehen, auch zu denen, mit denen wir nichts zu tun haben wollen. So einer ist Jesus!« Dann hat sie das Tuch über dem Kopf Jesu weggenommen. Bei unserem Kreuz trägt es keine Dornenkrone. Sie hat gesagt: »Mit diesen Augen sucht dich Jesus wie ein guter Hirte. Er geht dir nach, bis er dich findet. So einer ist Jesus!« Und dann hat sie das ganze Tuch weggenommen und darin auch unsere Palmzweige. Sie hat jetzt jedem von uns eine Frühlingsblume gegeben und gesagt: »Am dritten Tag nach seinem Tod am Kreuz ist Jesus aufgestanden, auferstanden. Da waren alle froh. Sie haben ein Jubellied gesungen, das wir heute noch kennen: das ›Halleluja‹«. Ich kenne das Lied immer noch, das wir dann lange gesungen haben: »Halle, halleluja, wir werden auferstehn. Halle, halleluja, wir werden auferstehn!« (»Troubadour« 1085, nur der Refrain)

Jetzt haben wir alle unsere Frühlingsblume auf das Kreuz gelegt. Das sah toll aus: Jesus in einem Blütenmeer. Das konnte ich mir so richtig vorstellen: Jesus lebt – wie jetzt draußen die Blumen wieder neu aufblühen.

Als wir dann später nach Hause gingen, durften alle, die wollten, den Palmzweig mitnehmen und zu Hause hinter das Kreuz stecken. Die Blumen aber wurden in einer Vase vor das Kreuz gestellt, damit sich Jesus über Ostern im leeren Kindergarten darüber freuen konnte.

12. Dornen- oder Königskrone?

Thema: Palmsonntag, Karfreitag, Ostern.

Hinführung: Weil über Ostern Kindergarten und Schule geschlossen sind, ist es wichtig, das Geschehen um Jesus zusammenzufassen und zu feiern.

Vorlesedauer: 2 1/2 Minuten

Tina, die jetzt ins 1. Schuljahr geht, erzählt gerne, was sie im Kindergarten erlebt hat und an was sie sich noch erinnern kann:

Einmal hat Frau N.N: (jetzt die Bezugsperson nennen: Pfarrer, Gemeindereferentin, Gruppenleiterin…) zwei Kronen mitgebracht, eine aus Dornen und eine wunderschöne mit Gold- und Edelsteinen. Zuerst hat sie die Dornenkrone auf ein Tuch in unsere Mitte gelegt und gefragt, an was sie uns erinnert. Einige von uns sind gleich auf Jesus gekommen. Sie wussten auch ein bisschen von dem, was sie mit dem guten Jesus gemacht haben: wie sie ihn gefangen nahmen, obwohl er doch keinem etwas Böses getan hatte, wie sie ihm ein schweres Kreuz aufluden und ihn später sogar daran angenagelt haben. Da hing er dann, bis er starb. Die Dornen auf dem Kopf haben ihm doch sehr wehgetan. Das Blut lief ihm dabei sicher über das Gesicht.

Dann hat Frau N.N. das Tuch über die Dornenkrone gelegt, bis wir sie nicht mehr sehen konnten und hat die wunderschöne Krone darauf gelegt. Sie hat gefragt: »Kann Jesus denn auch diese Krone tragen?« Ja, haben manche gesagt und erzählt, dass Jesus ja auferstanden ist und dass er manchmal mit einer Krone zu sehen ist, schon als Kind auf dem Arm der Mutter Maria, also als König. Dann hat Frau N.N. jedem von uns ein Teelicht gegeben und das Licht abgedunkelt. An der Jesuskerze haben wir dann alle unser Teelicht entzündet und es rund um die schöne Krone gestellt. Das sah toll aus, weil die Krone jetzt geheimnisvoll leuchtete. Wir haben dabei alle fröhlichen Lieder gesungen, die wir kennen. Auch das »Halleluja, wir werden auferstehen!« (Refrain aus »Troubadour« 1085)

1. Der Versuchung widerstehen

Thema: Aschermittwoch.

Hinführung: Immer weniger katholische SchülerInnen machen Gebrauch davon, am Aschermittwoch die Kirche zu besuchen (rechtlich gesichert!), um sich das Aschenkreuz geben zu lassen. Und die es sich geholt haben, wissen oft nicht, was es bedeutet.

Vorlesedauer: 4 Minuten

Fred berichtet: Am Aschermittwoch lässt sich unser Pastor immer eine Menge einfallen, um uns klar zu machen, warum er uns anschließend das Aschenkreuz auf die Stirn malt. Einmal hat er einem Kind einen Faden langsam um seine zusammengelegten Hände gewickelt und dazu gesagt: »Jetzt könntest du den Faden noch zerreißen, aber gleich bist du gefesselt und kannst dich nicht mehr wehren. So ist das auch mit kleinen Fehlern und Sünden. Wenn sie zur bösen Gewohnheit werden, wenn sie dich immer mehr umgarnen, werden sie zur Fessel. Da kann dich nur ein anderer befreien oder der gute Gott.«

Einmal hat er uns einen winzigen Käfer gezeigt; wir konnten ihn kaum sehen. Dann erzählte er: »Stürme und Blitze haben einen riesigen Baum in Jahrhunderten nicht umwerfen können, aber ein Heer von diesen kleinen Käfern hat ihn bezwungen: Sie fraßen sich durch seine Borken hindurch und saugten seine Kräfte von innen aus, bis er entblättert und entkräftet umstürzte.« Dann fuhr er fort: »Oft sind es nicht die großen Dinge im Leben, die uns umwerfen, sondern die ganz kleinen, die unterschätzten: Wenn ich hier und da unehrlich bin oder etwas wegnehme, weil es keiner sieht, oder immer seltener mit Gott spreche ...«

Ein andermal hat er einen ganz verschmutzten Farbkasten mitgebracht. Die Farben gingen wirklich ineinander über, manche waren eingetrocknet oder verbraucht. Und er sagte dazu: »Wenn das ein Bild für euer Leben ist, dann wird es höchste Zeit, den Farbkasten in Ordnung zu bringen – wie wollt ihr denn sonst noch schöne Bilder malen? Die Farben haben ja keine Leuchtkraft mehr!«

Wieder ein andermal hatte er ein Stück faules Holz aus einem Baum gehackt. Er sagte dazu: »Wenn da der Baumdoktor nicht schnell kommt, das Ungesunde herauskratzt und nicht alles neu verspachtelt, dann frisst sich die Fäulnis immer tiefer in den Baum und irgendein Sturm wird ihn umwerfen!«

Schließlich hat er uns dann angesehen, gelächelt und gesagt: »Merkt ihr was? Ich spreche die ganze Zeit von dir und von mir: Wir sind nämlich angefault oder haben keine Leuchtkraft mehr, wir haben kleine Käferchen im Herzen oder schon die Hände gefesselt. Darum gibt es den Aschermittwoch! Der Tag sagt uns: Kehr um, bevor es zu spät ist und du die Menschen nervst. Und als äußeres Zeichen male ich euch gleich ein Kreuz aus Asche auf die Stirn. Da könnten wir zusammenzucken bei den Worten: ›Denk daran, dass du Staub bist und zuletzt nur Staub und Asche bist!‹ Aber so negativ darf das nicht stehen bleiben, denn am Ende der Fastenzeit liegt ja Ostern. Darum sage ich gleich, wenn du das Aschenkreuz holst: ›Kehr um und lass dir von Jesus helfen‹ oder ›Kehr um, Gott liebt dich: Antworte darauf!‹ Oder: ›Du wirst Staub, aber das Kreuz Jesu ist stärker‹ oder ›Am Ende der Aschenzeit steht die Auferstehung‹ oder ›Auch, wenn es ganz dunkel wird, bleibt die Liebe Gottes‹ oder ›Kehr um und gib Jesus mehr Raum.‹«

Und Fred schloss: Ich fand das immer sehr eindrucksvoll. Darum habe ich das auch behalten.

2. Zwei Euro

Thema: Lügen und Stehlen.
Hinführung: Kannst du lügen, ohne rot zu werden?
Vorlesedauer: 2 1/2 Minuten

Peter hatte seine zwei Euro fünfzig Taschengeld angelegt in ein Micky-Maus-Heft, Flugzeugbilder, Kaugummi und Zündplättchen. Er würde gern weiter anlegen, nur fehlt ihm das Geld. Das hat er nicht. Das kriegt er vor nächsten Montag nicht.

Er geht an den Mänteln im Schulflur entlang, langt dabei ganz nebenbei in die Taschen. Angelt sich zwei Euro. Na und? Nichts weiter.

Klaus hatte mal die zwei Euro. Und jetzt hat sie Peter! Der Lehrer fragt die Klasse aus, ein Kind nach dem andern: »Wo sind die zwei Euro vom Klaus?« Und Peter? Peter lügt.

»Ich war's nicht!« »Ich war's wirklich nicht. Kann's ja gar nicht gewesen sein!« »Ich kann's ja gar nicht gewesen sein, weil ich den ganzen Vormittag nicht außerhalb der Klasse war. Nicht einmal auf'm Klo.«

»Nein. Also, ich war's nicht. Wie sollte das denn gehen? Ich bin heute doch noch nicht mal zu spät gekommen. Und in der Pause war auch niemand draußen. Wir waren alle in der Klasse. Ich auch. Es regnete doch in der Pause.«

»Also, wirklich. Wie hätte ich's denn anstellen sollen? Hier! Hier hab' ich meine zwei Euro Taschengeld. Mein Taschengeld. Ich leg' sie hier auf den Tisch. Würde ich das machen? Na? Würde ich das machen, wenn ich sie geklaut hätte?«

»Nein. Ich war's nicht. Erstens kann ich's gar nicht gewesen sein, zweitens war ich's wirklich nicht. Würde ich dann die zwei Euro vor mich auf den Tisch legen? Na? Also! Mein Vater hat sie mir gegeben, Taschengeld. Ihr könnt ihn fragen. Eigentlich waren es zwei Euro fünfzig. Ich hab' aber nur noch die zwei Euro. Du kannst die zwei Euro haben, Klaus, wenn du denkst, ich hätt' sie dir geklaut. Aber ich find es so gemein, dass ihr alle denkt, ich klaue. Jawohl! Richtig gemein!«

Als Peters Mutter hört, dass Peter verdächtigt wurde, die zwei Euro geklaut zu haben, sagt sie: »Was, der Peter? *Mein* Peter? Der tut so was nicht. Nein. Nie und nimmer würde mein Peter so was tun. Nein, nein, nein und nochmals nein!« *Susanne Kilian*

3. Der Kampf

Thema: An Widerständen wachsen.

Hinführung: Viele Kinder sind zu verhätschelt erzogen. Sie leben in der Gefahr, im Leben immer unter den Hürden abtauchen zu wollen.

Vorlesedauer: 1 1/2 Minuten

Ein Mann fand einen Schmetterlingskokon und nahm ihn mit nach Hause, um den Schmetterling schlüpfen zu sehen. Eines Tages wurde eine kleine Öffnung sichtbar. Während mehrerer Stunden kämpfte der Schmetterling, doch es schien, als könne er seinen Körper nicht über einen bestimmten Punkt hinausbringen. Da glaubte der Mann, dass etwas nicht richtig sei, und nahm eine Schere, um den Rest des Kokons aufzuschneiden. Der Schmetterling schlüpfte mit Leichtigkeit heraus: ein großer, aufgedunsener Körper mit kleinen, schrumpeligen Flügeln. Der Mann dachte, dass sich die Flügel in ein paar Stunden zu ihrer natürlichen Schönheit entfalten würden, doch es geschah nicht. Anstatt sich in ein Geschöpf zu verwandeln, das frei war zu fliegen, verbrachte der Schmetterling sein Leben damit, einen geschwollenen Körper und schrumpelige Flügel mit sich herumzuschleppen.

Der enge Kokon und der Kampf, der nötig ist, um durch die enge Öffnung hindurchzuschlüpfen, sind der Weg der Natur, Flüssigkeit vom Körper in die Flügel zu zwingen. Der ›gnadenvolle‹ Schnitt war in Wirklichkeit grausam. Manchmal ist ein Kampf genau das, was wir brauchen.

Es gibt zu viele Kinder mit schrumpeligen Flügeln. *Quelle unbekannt*

4. Flieg, Adler, flieg!

Thema:	Die eigenen Stärken entdecken.
Hinführung:	Jeder Mensch erhält Talente, die nur er besitzt. In der Regel wachsen ihm dafür Flügel, sie in die Welt zu tragen.
Vorlesedauer:	1 1/2 Minuten

Ein Mann fing einmal einen jungen Adler und steckte ihn zu seinen Hühnern in den Stall. Nach kurzer Zeit benahm sich der Adler wie die Hühner und pickte ebenso wie sie die Körner vom Boden. Monate später besuchte ihn ein naturkundiger Mann, der sofort feststellte: »Der Vogel dort ist ja ein Adler!« »Aber ich habe ihn zum Huhn erzogen. Er hat sogar das Fliegen verlernt!« »Nein«, sagte der andere, »sieh die mächtigen Schwingen! Er ist und bleibt ein Adler, weil er das Herz eines Adlers hat!« Mehrere Male versuchte er, den Adler mit kräftigem Schwung in die Luft zu werfen. Vom Dach des Hühnerstalles, vom Balkon ..., aber jedes Mal blickte der Adler nach den Hühnern, sprang oder segelte hinunter und pickte wieder nach den Körnern.

Der Tierkenner gab nicht auf. Am nächsten Morgen stieg er mit ihm auf einen Berg. Eben ging die Sonne auf. Er hob den Adler und sagte: »Flieg, Adler, du gehörst dem Himmel und nicht der Erde!« Der Adler erzitterte, als erfülle ihn neues Leben. Doch er flog nicht. Da nahm der Mann den Kopf des Adlers und ließ ihn geradewegs in die Sonne blicken. Nun stieß der Adler einen Schrei aus, hob sich mit seinen mächtigen Schwingen in die Lüfte, flog höher und höher und kehrte nicht wieder zurück. *nach einer Erzählung aus Afrika*

(Die Flügel können leicht auf Vertrauen und Glauben gedeutet werden.)

5. Am Kreuz wird es hell

Thema: Durchhalten.

Hinführung: Wer schon einmal in den Bergen war, weiß, wie viel Puste nötig ist, bis zum Gipfelkreuz durchzuhalten.
Die Geschichte, die wir jetzt hören, ist leicht auf unser ganzes Leben zu übertragen.

Vorlesedauer: $1\,^1/_2$ Minuten

Es war im Herbst in den bayerischen Bergen. Im Tal lag eine dichte Nebeldecke. Eine Gruppe von Urlaubern aber wollte sich mit diesem Grau in Grau nicht zufrieden geben, sie wollte doch etwas erleben von der Schönheit der Alpenwelt. So stiegen sie den Berg hinan in der Hoffnung, dass doch bald die Sonne kommen und alles in ihrem goldenen Licht erstrahlen müsste. Doch eine Viertelstunde, eine halbe Stunde, mehr als eine Stunde verging: Im dunklen Bergwald und um die grauen Felswände herum erschienen die Wolkennebel nur noch dichter. Schließlich kam ihnen ein Einheimischer von oben her entgegen.

Sie fragten ihn: »Sagen Sie, nimmt denn der Nebel gar kein Ende? Sollen wir weitersteigen oder sollen wir umkehren?« Der Einheimische antwortete: »Ihr müsst bis zum Kreuz hinauf, dort ist alles hell.«

Und so war es wirklich: Am Gipfelkreuz war der Nebel zu Ende, fast wie abgeschnitten. Eine strahlende Sonne leuchtete von einem herrlich blauen Himmel und rings im Kreis grüßten Berggipfel neben Berggipfel, wie zum Greifen nah.

5. Die Sache mit der Schultasche

Thema: Gewissen – Schuldig werden – Wiedergutmachung.

Hinführung: Bist du schon einmal schuldig geworden? Konntest du den Schaden wieder gutmachen?

Vorlesedauer: 11 Minuten

Wie Martin in die ganze Sache hineingeraten war, wusste er selbst nicht mehr. Er erinnerte sich nur, dass sie begonnen hatten, auf dem Pausenhof Fußball zu spielen, und dass gleich darauf Herr Dierlamm, der die Aufsicht führte, es verboten hatte. Er hatte ihnen auch den Ball weggenommen und verkündet, dass sie ihn nach Schulschluss beim Hausmeister abholen könnten. Natürlich wusste jeder, dass alles, was ein bisschen Spaß machte, auf dem Pausenhof von vornherein verboten war. Aber probiert hatten sie es immer wieder. Missmutig standen sie jetzt umher und suchten nach etwas, womit sie ihren Ärger abreagieren konnten. Dann hatte Jürgen die Schultasche entdeckt. Sie stand einsam und ein bisschen versteckt neben dem Container am Schulgebäude. Neben der Tasche stand ein kleiner Junge mit Nickelbrille, der anscheinend sorgsam darauf achtete, dass ihr niemand zu nahe kam.

»Dann spielen wir halt Taschenfußball!«, meinte Jürgen und lachte am lautesten über seinen Witz. Taschenfußball hatten sie schon mehr als einmal gespielt. Der besondere Reiz lag darin, dass die Kleinen, denen die Taschen gehörten, dann winselnd und heulend hinter ihnen her rannten und die unsinnigsten Dinge unternahmen, um ihre Tasche zurückzuerhalten. Manchmal war Taschenfußball lustiger als richtiges Spielen mit dem Ball.

So liefen sie auch jetzt zu dem Container, um die Tasche zu packen. Aber der Kleine war schneller. Er rannte los und drückte die Tasche bereits fest an sich, als sie in seine Nähe kamen. »Loslassen!«, meinte Steffen und zerrte an der Tasche. Doch der Kleine drückte sie nur noch fester an sich. Es war eine neue Tasche aus blauem Segeltuch. Nicht sehr stabil. Und wenn die Bücher darin beim Taschenfußball auch kaputtgingen, was konnte schon viel geschehen? Schließlich gab es ja Lernmittelfreiheit. Und irgendein mitleidiger Lehrer würde schon dafür sorgen, dass der Kleine neue Bücher bekäme.

»Hab dich nicht so!«, rief Jürgen und zerrte nun auch an der Tasche. Martin packte sie von der anderen Seite. Ein Stoß. Ein kurzer Kampf. Der Kleine lag am Boden und sie hatten die Tasche. »Bitte nicht! Bitte nicht!«, jammerte er, rappelte sich auf und rannte hinter ihnen her. Aber sie waren Profis, so dass der Anfänger die Tasche zumindest jetzt nicht wiederbekommen konnte. Das weiche Segeltuch erschien ihnen sogar noch geeigneter als der Fußball. Jedenfalls ließ sich die Tasche gut treten und flog bei einem entsprechenden Anstoß ein ganzes Stück weit. Sie spielten sich das Ding zu und hatten immer größeren Spaß, je mehr der Kleine seine Tasche zu packen versuchte. Martin ließ ihn ganz nahe herankommen, dann zielte er kurz und schoss die Tasche zu Jürgen, der sie geschickt mit seinem Fuß stoppte und zu Steffen weiterkickte.

Jetzt kamen noch mehr Kleinere hinzu. »Gib ihm die Tasche zurück!«, schrie einer und wollte sich tatsächlich mit Steffen anlegen. Doch die Tasche mit einem festen Tritt an Martin weiterzugeben und den Kleinen so abzuschütteln, dass er taumelte, war für Steffen eine Kleinigkeit. Jetzt jagten schon fünf Kleine hinter der Tasche her. Und weil sich das heiße Spiel am Ende des Pausenhofes abspielte, hatte Herr Dierlamm bisher auch noch nichts davon bemerkt. Einmal sah Martin, dass zwar viele hinter der Tasche her waren, dass aber der Kleine, dem sie gehörte, sich zu dem Container zurückgezogen hatte. Dort stand er und hatte die Hände vor sein Gesicht geschlagen. Ein Häufchen Elend. Doch bevor sich Martin irgendwie schlecht zu fühlen begann, hatte er bereits alle Hände voll zu tun, um die übrigen Kleinen von der Tasche fern zu halten, damit er Platz zu einem neuen sorgfältig ausgerichteten Tritt hatte. Schon flog die Tasche weiter zu Jürgen.

Dann war plötzlich Herr Dierlamm da und hatte unversehens die Tasche an sich genommen. Sie sah ganz schön mitgenommen aus. Dann standen die Kleinen um den Lehrer herum und petzten. Da setzten sich die Großen schnellstens ab und tauchten in der Menge der übrigen Schüler unter. Gut, dass Herr Dierlamm nicht alle Schüler kannte. Und sicher hatte er nur die Tasche im Blick gehabt, die zwar jetzt ziemlich zertreten, aber doch immerhin gerettet war.

Als dann der Gong zur nächsten Unterrichtsstunde ertönte, hatte Martin die ganze Sache fast vergessen. Und das gerade noch erreichte ›Ausreichend‹ in der Mathe-Arbeit versöhnte ihn mit diesem Schultag.

Zu Hause beim Mittagessen schreckte er plötzlich auf, als er zuhörte, was seine kleine Schwester erzählte. Oft hörte er gar nicht hin, weil sie ständig plapperte. Aber als jetzt sein Vater noch einmal nachfragte, ging es ihm durch und durch.

»Jens hat seinen Goldhamster mit in die Schule gebracht«, sagte Verena. »Er hat davon erzählt. Und da hat Frau Bartels ihn gebeten, den Hamster doch einmal mitzubringen. Zuerst wollte er nicht. Aber dann hat er ihn heute doch mitgebracht.«

»Und er war in der Tasche, mit der sie Fußball gespielt haben?«, fragte der Vater.

Verena nickte. »Und als Jens dann die Tasche aufmachte, war die Schachtel kaputt.«

»Und der Hamster?«, fragte die Mutter.

»Tot!«, – Verena weinte.

»Tot!«, sagte sie noch einmal. »Ganz tot!«

»Und Jens?«

»Er hat gar nichts gesagt. Er hat nur den kleinen Hamster in seinen Händen gehalten. Frau Bartels wollte ihm den Hamster abnehmen. Er hat ihn nicht hergegeben. Er hat ihn die ganze Stunde lang in seinen Händen gehalten und immer wieder angesehen. Er hat ihn immerzu gestreichelt. Dabei war er längst tot.«

»Hat denn Frau Bartels nichts getan? Hat sie nicht dem Direktor Bescheid gesagt? Die Jungen, die das getan haben, müssen doch herauszufinden sein!«

»Er war doch tot!«, sagte Verena noch einmal und bemühte sich, nicht wieder zu weinen. »Frau Bartels hat dann den Hamster in die kaputte Schachtel gelegt. Jens hat sie mit nach Hause genommen. Er hat den ganzen Morgen nichts mehr gesagt.«

»Hast du denn nichts gesehen?«, fragte der Vater und blickte Martin kurz an. Doch Martin schüttelte nur den Kopf.

»Martin hätte dem Jens und seinem Hamster bestimmt geholfen!«, sagte Verena. Und keiner zweifelte daran.

Einen ganzen Nachmittag, einen ganzen Abend und eine ganze Nacht lang trug Martin die Sache mit sich herum. Es war noch nicht einmal der kleine Junge, den er nicht mehr aus seinen Gedanken verdrängen konnte. Es war der Hamster, den sie totgetreten hatten. Martin hatte selbst einmal einen Hamster gehabt. Und er erinnerte sich nur zu gut daran, wie furchtbar es damals gewesen war, als eines Morgens dieser Hamster tot im Zimmer gelegen hatte. Hansi hatte sein Hamster geheißen.

Am Morgen stand es für Martin fest, dass er dem Jungen einen neuen Hamster kaufen würde. Aber war das ein Ersatz für ein Tier, dessen Tod er verschuldet hatte? Er würde dem Jungen auch eingestehen, dass er einer von denen gewesen war, die mit seiner Tasche Fußball gespielt hatten. Klar, dass er Jürgen und Steffen nicht verraten würde. Nein, in dieser Sache würde er dichthalten.

Aber für sich musste er die Sache regeln.

Als Jens am nächsten Tag von der Schule nach Hause ging, bemerkte er plötzlich, dass ihm ein großer Junge folgte. Und voller Schrecken erkannte Jens den Jungen wieder, der gestern dabei war, als sie ihm die Tasche weggenommen hatten. Da begann Jens zu laufen. Er lief so schnell er nur konnte. Längst hatten sie die belebten Straßen hinter sich gelassen. Jetzt gab es nur noch den schmalen Abkürzungspfad, der zur nächsten Straße führte. Da hatte der große Junge Jens eingeholt. Jens ließ seine Tasche fallen und schlug wieder die Hände vor sein Gesicht. Der Große hielt ihn an der Schulter fest.

»Du!«, sagte der Große schließlich und keuchte noch von dem schnellen Laufen. »Ich wollte dir sagen... das mit dem Hamster ... das tut mit Leid.«

Jens blinzelte den großen Jungen ängstlich an. Ja, er erkannte ihn wieder.

»Ich habe dir einen Hamster gekauft!«, sagte Martin und drückte Jens einen kleinen Karton in die Hand. Zunächst wollte dieser den Karton nicht nehmen. Als er aber den großen Jungen anblickte, spürte er den Schmerz in seinen Augen.

»Wieder ein Hamster?«, fragte er zögernd.

»Meine Schwester geht in deine Klasse!«, sagte der Junge. »Ich bin Martin Thamer.« Er seufzte. »Es tut mir Leid!« Dann wandte er sich um und rannte davon. Jens sah ihm nach. Er hatte noch immer die Schachtel in der Hand. Und er hörte es in dem Karton leise rascheln.

Rolf Krenzer

7. Silberpfeil und Roter Blitz

Thema:	Schuldig werden.
Hinführung:	Gerade beim Sport ist gut zu beobachten, ob einer verlieren kann oder fair ist.
Vorlesedauer:	6 Minuten

Auf der Waldstraße kann man schön spielen; da dürfen keine Autos fahren. Sie geht stark bergab. Unten steht der Kiosk von Opa Mauermann. Da gibt's Gummibärchen zu kaufen. Im Winter ist die Waldstraße eine prima Schlittenbahn und im Sommer kann man sie mit Kettcars, Seifenkistenautos und Inlinern runterfahren.

Heute sind alle Kinder auf der Waldstraße zusammengelaufen. Es gibt etwas Neues: Stefan hat im Keller ein altes Seifenkistenauto von seinem großen Bruder entdeckt und hat es wieder fertig gemacht. Aus Brettern und Kinderwagenrädern ist es zusammengebaut. Es hat einen gepolsterten Sitz und lässt sich sogar lenken. Stefan hat die Seiten silbern gestrichen und auf den Kühler in großen Buchstaben »Silberpfeil«

geschrieben. Es sieht aus wie ein richtiges Rennauto. Und – es ist schneller als alle Kettcars und Inliner auf der Straße.

Klaus steht gerade an der Bude von Opa Mauermann. Neben ihm steht sein Klassenkamerad Achmed. Achmed kommt aus der Türkei. Da kommt Stefan mit seinem Silberpfeil angerast und stoppt genau vor den beiden. Klaus ist ganz begeistert. »Du, Stefan, ich bau' mir auch so ein Rennauto«, ruft er. »Prima«, sagt Stefan, »dann fahren wir hier ein Wettrennen.« Opa Mauermann ruft dazwischen: »Und ich stifte dem Sieger ein Eis als Preis!«

Achmed ist auch ganz begeistert. »Du«, sagt er zu Klaus, »ich will dir gerne helfen. Wir können dann ja abwechselnd fahren.« Aber Klaus will lieber alle Rennen ganz allein gewinnen. Er sagt: »Dich können wir nicht dabei gebrauchen! Du kannst ja nicht mal richtig deutsch. Hau ab zu deinen Türken!« Achmed geht traurig weg. Er hatte schon so gute Ideen für das Seifenkistenauto!

Klaus geht sofort ans Werk. Er montiert die Räder von einem alten Kinderwagen ab, der nicht mehr gebraucht wird. Im Keller findet er auch noch biegsames Sperrholz für den Aufbau. Nur das Bodenbrett fehlt noch. Wo kriegt man das nur her? Da fällt ihm ein: Nebenan auf der Baustelle hat er eines gesehen, das passt ganz genau! Aber seine Eltern haben ihm streng verboten, auf die Baustelle zu gehen! Wenn er erwischt wird beim Klauen, dann gibt es ein Donnerwetter! Da sieht er den kleinen Willi von nebenan vorbeigehen. Er ruft ihn: »Du, Willi, wenn du mir einen Gefallen tust, schenke ich dir eine Tüte Gummibärchen.« Willi isst für sein Leben gern Gummibärchen und holt für Klaus das Brett von der Baustelle. Klaus passt auf, dass er nicht erwischt wird.

Am Abend ist das Auto fertig, Klaus hat es ganz rot gestrichen und mit schwarzen Buchstaben drauf geschrieben: »Roter Blitz«. Beim Abendessen sagt der Vater: »Eben war Herr Emmermann hier und hat furchtbar geschimpft. Ihm fehlt für die Verschalung am Neubau ein wichtiges Brett. Hat von euch vielleicht jemand gesehen, wer das Brett geklaut hat?« Klaus verschluckt sich fast und wird rot bis hinter beide Ohren. »Nee«, sagt er, »wir haben heute ganz woanders gespielt. Vielleicht war das wieder einer von den Türken.« Vater sagt: »Na, ich hab' euch ja auch verboten, auf der Baustelle zu spielen!«

Am anderen Tag wird der »Rote Blitz« auf der Waldstraße von allen Kindern bestaunt. Er fährt wirklich schnell wie der Blitz und lässt sich gut lenken. Stefan ist neidisch auf den »Roten Blitz«. Daneben sieht sein »Silberpfeil« doch schon ziemlich alt und klapprig aus. Er ärgert sich, dass alle Kinder den »Roten Blitz« für besser halten. Als ihn gerade keiner beachtet, tritt er mit voller Wucht gegen das linke Hinterrad des »Roten Blitzes«. Es gibt einen scharfen Knacks, als ob etwas kaputtgegangen ist. Schnell geht Stefan weg.

Dann kommt das große Wettrennen. Sandra spielt den Starter und alle Kinder stehen zum Anfeuern am Straßenrand. »Achtung, fertig, los!«, ruft Sandra und senkt die Startfahne. Die beiden Seifenkistenautos rasen los. Bis kurz vor dem Ziel liegen sie fast gleich auf. Da, ein Knacks, und der »Rote Blitz« bricht aus. Er schleudert gegen einen Baum am Straßenrand. Klaus stöhnt, sein linkes Bein ist eingeklemmt und seine Nase blutet. Achmed, der in der Nähe steht, ruft: »Schnell, Opa Mauermann soll einen Krankenwagen rufen!« Dann hilft er Klaus, damit er wieder freikommt. Stefan hat seinen »Silberpfeil« an Opa Mauermanns Bude gestoppt. Er hat das Krachen gehört und läuft schnell zurück. »Das linke Hinterrad, das linke Hinterrad!«, rufen die Kinder. Stefan kommt es vor, als wenn sie ihn damit meinten.

Hans Heinz Riepe

8. Das Marmorkreuz

Thema: Hochmut, Umkehr, Wiedergutmachung.
Hinführung: Folgende Geschichte ist über hundert Jahre alt. Aber was sich bis heute nicht geändert hat, ist: Hochmut, Umkehr und Wiedergutmachung.
Vorlesedauer: 5 Minuten

Vor über hundert Jahren lebte in Ostungarn der Bauer Nagy (sprich: Nodsch!), ein steinreicher, aber hartherziger Mann. Er war im Dorf nicht beliebt, weil er allen zu stolz erschien. Sonntags saß er mit seiner Frau und den drei Söhnen gelangweilt den Gottesdienst ab. Wenn er schließlich wieder zu Hause war, hatte er genau registriert, wer ihn gegrüßt und wer sich nicht ehrerbietig genug verneigt hatte. Er wurde immer reicher und selbstsicherer.

Aber in einem Herbst begann sich sein Glück zu wenden. Krankheiten rafften einen Teil seines Viehbestandes dahin; dann starb ganz plötzlich der älteste Sohn an Gehirnhautentzündung. Das aufwändige Begräbnis half ihm über diesen Schlag nicht hinweg. Kurze Zeit später verunglückte mit einem Pferdekarren der zweite Sohn tödlich: Der Flintenschuss eines Jägers ließ die Pferde durchgehen; in einer scharfen Biegung kippte das Gefährt um und der Junge prallte mit seinem Kopf gegen einen Kilometerstein. Zu allem Unglück begann der jüngste Sohn, siebzehn Jahre alt, zu hüsteln und Blut zu spucken. Der Bauer verlor seine frühere Selbstsicherheit. Er beschloss, zur Ehre Gottes ein Marmorkreuz am Eingang des Dorfes aufstellen zu lassen. Bald prangte auf dessen Sockel in goldenen Buchstaben: »Zur Ehre Gottes von Peter Nagy errichtet, im Jahre des Herrn 1884.« Als der Bauer von der Einweihung nach Hause kam, ging es seinem jüngsten Sohn nach einem heftigen Hustenanfall noch viel schlechter, und die geheime Hoffnung des Bauern, seinen Sohn wunderbar genesen anzutreffen, hatte sich nicht erfüllt.

Am nächsten Morgen entlud sich über dem Dorf ein schreckliches

Wintergewitter; ein greller Blitz schlug mit ohrenbetäubendem Krachen ganz in der Nähe ein. Kurz darauf kam außer Atem ein Knecht des Bauern mit der Nachricht angerannt: »Der Blitz ist in das Kreuz eingeschlagen und hat es umgestürzt.« Der Anblick des zerborstenen Marmors im Schnee war für den Bauern niederschmetternd. Sein Befehl, das Kreuz schnell wieder aufzurichten, lehnte der Steinmetz mit dem Hinweis ab: »Was Gott umgeworfen hat, das soll kein Mensch wieder aufstellen.« So eine Antwort hätte sich Bauer Nagy vor drei Monaten nicht gefallen lassen, aber die vielen Schicksalsschläge hatten ihn mürbe gemacht. Er senkte nur stumm die Augen.

Die Neugierigen zerstreuten sich. Nur der Sepp, der Dorfwaise, acht Jahre alt, stand noch da mit bloßen Füßen im Schnee, und abwechselnd hob er mal den einen, bald den anderen Fuß an, die von der Kälte blau gefroren waren. »Warum hast du keine Stiefel an bei diesem Wetter?«, fragte der Bauer. Sepp wich ängstlich zurück, denn er wusste aus Erfahrung, dass die Ohrfeigen des Bauern wehtaten. »Ich habe keine!«, meinte er aus sicherer Entfernung. Darauf sagte der Bauer mit etwas freundlicherer Stimme: »Komm, wir gehen zusammen ins Dorf!« Beim Schuster kam es dann dem Sepp wie ein Traum vor: Der Bauer kaufte ihm rotfunkelnde Stiefelchen, wie sie nur die wohlhabendsten Kinder des Dorfes besaßen! Damit rannte er davon, so schnell er konnte, denn er fürchtete, sie würden ihm wieder abgenommen. Da lachte der Bauer zum ersten Mal seit drei Monaten und zugleich war irgendwie der Druck aus seiner Brust verschwunden. In Gedanken versunken erreichte der Bauer seinen Hof. Seine Frau rief ihm freudig erregt entgegen: »Peter, unserem Sohn geht es besser! Das Fieber ist weg!« Da schaute der Bauer dankbar zum Himmel. Er wusste: Gott zürnt ihm nicht mehr.

So kam das Reich Gottes doch zum Bauern Nagy.

Der Weg dahin ist gar nicht weit. Man kann ihn gut mit einem Paar roter Stiefelchen begehen.

Nach Peter Alma, der seinerseits frei nach einer Novelle von Kalman Mikszáth, 19. Jahrhundert, schrieb.

9. Die Gerichtsverhandlung

Thema: Verurteilen – Verzeihen können.

Hinführung: Die Geschichten um Jesus öffnen uns Türen. Aber im Alltag halten wir diese Türen oft zu.

Vorlesedauer: 5 ½ Minuten

Da brachten sie das Mädchen also in das Klassenzimmer. Brachten? Nein, sie zerrten und stießen es, weil es sich so heftig wehrte. Seine langen, blonden Haare waren wild zerzaust und die Jacke hatten sie ihm schon halb ausgezogen beim kräftigen Zupacken. Das war er also, der lang gesuchte Übeltäter, und ausgerechnet ein Mädchen, ausgerechnet Susanne. Wer hätte das gedacht!

Als sie sie endlich hereingeschleppt und vor dem Pult losgelassen hatten, war es nach all dem Lärmen und Schreien für ein paar Augenblicke ganz still im Klassenzimmer der 4 b. Nur ein Schluchzen kam von dem Häuflein Elend, das vor dem Pult am Boden kauerte, unter einem Berg verworrener Haarsträhnen hervor, und von draußen hörte man durchs offene Fenster das vertraute Gewoge des Schulhofes in der großen Pause.

Die wenigen Schülerinnen und Schüler, die noch immer nach ihrem Vesperbrot gesucht hatten oder aus einem anderen Grund noch nicht in die Pause gegangen waren, scharten sich dichter um Susanne. Sie war inzwischen aufgestanden und lehnte am Rand des Pults, die Hände vors Gesicht geschlagen. Leise weinte sie vor sich hin. Einer hatte die Klassenzimmertür geschlossen, damit keine Neugierigen störten. »Also, ich habe sie entdeckt«, begann jetzt Eva, indem sie sich breitbeinig vor Susanne aufbaute und die anderen unwillkürlich einen Schritt zur Seite traten. »Sie machte sich an Brigittes Hose zu schaffen, als ich reinkam. Und dann hat sie schnell etwas eingesteckt und wollte rauslaufen.« Eva machte eine Pause und musterte aufmerksam die Gesichter ihrer Mitschüler. Diese blieben unbeweglich. Sie fuhr fort: »Du kommst mir gerade recht, dachte ich, und packte sie am Arm. He, da, haben wir dich endlich, du Dieb! Natürlich wollte sie sich losreißen, aber ich gab ihr keine Chance.

Und dann kamen ja auch die anderen schon in die Umkleideräume.«

»Und ich dachte immer, dass sich die Kerle da reinschleichen und Sachen klauen«, sagte Martina halblaut, wobei sie eine hilflose Bewegung mit den Armen machte. Jetzt kam Bewegung in die kleine Versammlung. Vermutungen wurden geäußert und Vorschläge gemacht, wie Susanne zu bestrafen sei. »Man sollte sie ordentlich verprügeln«, meinte Stefanie, und Marc und Erich stimmten ihr zu. »Sie muss alles doppelt zurückgeben«, schlug Marianne vor. Sie war selbst ein Opfer von Susannes gelegentlichen Stehlereien. »Wir wollen sie nicht mehr sehen. Sie soll abhauen!«, forderten Angela und Lissi, die miteinander befreundet waren.

Mitten in diese heiße Diskussion hinein, während Susanne noch immer unverändert vor dem Pult stand, ging die Tür auf und der Klassenlehrer stand da. Erschrocken verstummten plötzlich alle und schauten zur Tür. Der Lehrer trat jetzt ganz herein und schloss die Tür wieder hinter sich. »Was ist hier los?«, fragte er kurz und bestimmt. Eva machte sich wieder zur Wortführerin und berichtete dem Lehrer von dem Vorfall. »Wir sind in einer Gerichtsverhandlung«, schloss sie ihren Bericht und richtete ihren Blick auf Susanne. »Über die da!«, fügte sie hinzu, und ihr ausgestreckter Zeigefinger berührte die Haare Susannes.

»Was sollen wir mit ihr machen?«, fragte Stefanie und schaute den Lehrer an, der inzwischen nahe herangekommen war. Er antwortete nicht, sondern blickte auf Susanne. »Ihr gehört eine tüchtige Tracht Prügel«, wiederholte Stefanie jetzt vor dem Lehrer ihren Vorschlag von vorhin.

Der Lehrer schwieg weiter. Endlich sagte er: »Ich will euch eine Geschichte erzählen.«

Zögernd setzten sich die Schülerinnen und Schüler in die vordersten Bänke. Dann begann der Lehrer langsam zu erzählen: »Vor langer Zeit brachten einige Leute eine Frau zu Jesus und sagten, sie hätten sie beim Ehebruch ertappt. Das war früher eine Tat, die mit der Steinigung, was einer Todesstrafe gleichkommt, bestraft wurde. Sie wollten nun von Jesus wissen, ob sie die Frau steinigen sollten. Jesus schwieg lange dazu. Erst als sie ihn drängten, sagte er: Wer von euch keine Schuld hat, der soll den ersten Stein werfen.«

Der Lehrer hatte aufgehört zu sprechen und es war wieder ganz still im Klassenzimmer. Auch Susanne hatte aufgehört zu weinen und wischte sich vorsichtig mit einem Taschentuch die Augen. Während die Mitschüler schweigend ihre Jacken vom Haken holten und hinausgingen, sagte der Lehrer zu Susanne: »Komm doch nach der letzten Stunde zu mir ins Lehrerzimmer, damit wir besprechen können, wie du die Sache wieder in Ordnung bringen kannst.«

Helmut Jaschke

10. Von den Nägeln im Zaun

Thema: Beherrschung lernen – Verletzungen sind nie ganz wieder gutzumachen.

Hinführung: Kannst du dich beherrschen? Und wenn etwas schief gegangen ist, kannst du alles wieder gutmachen?

Vorlesedauer: 2 1/2 Minuten

Es war einmal ein Junge, der hatte einen schlechten Charakter. Darum gab ihm sein Vater ein Säckchen mit Nägeln und sagte, er solle immer dann, wenn er die Geduld verloren und deshalb mit jemandem gestritten habe, einen Nagel in den Gartenzaun schlagen.

Am ersten Tag schlug der Junge 37 Nägel in den Zaun.

In den folgenden Wochen lernte er, sich zu beherrschen und die Anzahl der Nägel im Gartenzaun nahm von Tag zu Tag ab; er hatte erkannt, dass es einfacher war, sich zu beherrschen, als Nägel einzuschlagen.

Endlich kam der Tag, an dem der Junge keinen einzigen Nagel mehr in den Zaun schlug. Da ging er zu seinem Vater und erzählte ihm, dass er keinen einzigen Nagel eingeschlagen habe.

Sein Vater sagte ihm nun, er solle an jedem Tag, an dem er die Geduld nicht verloren habe, einen Nagel aus dem Zaun herausziehen.

Die Zeit verging, und endlich konnte der Junge seinem Vater sagen, dass er alle Nägel entfernt hatte.

Der Vater führte seinen Sohn zum Zaun und sprach: »Mein Sohn, du hast dich gut entwickelt, aber sieh dir die Löcher im Zaun an. Er wird nie wieder so sein wie vorher. Wenn du dich mit jemandem streitest und ihm etwas Bösartiges sagst, hinterlässt das bei ihm eine solche Verletzung wie diese hier. Du kannst ein Messer in einen Menschen stechen und es danach wieder herausziehen, aber es bleibt immer eine Verletzung zurück. Egal wie oft du dich dafür entschuldigst, die Verletzung bleibt. Eine Verletzung durch Worte tut genauso weh wie eine körperliche. Deshalb ist es gut, dass du gelernt hast, dich zu beherrschen, um andere nicht zu verletzen.

Monika Stelter

11. Eiskalte Überraschung

Thema: Gute Vorsätze.

Hinführung: Es gibt noch Kinder mit Fantasie. In der Fastenzeit sollten wir uns besonders um das Gute bemühen. Wir hören von zwei Kindern, denen das gelingt.

Vorlesedauer: 6 Minuten

Es ist Aschermittwoch. Lena und Jonas sitzen im Wohnzimmer am Fenster. Sie sehen den Schneeflocken zu, die auf Menschen, Autos und die Straße herunterfallen. Aber eigentlich sitzen sie hier, um zu überlegen, was sie sich für die Fastenzeit vornehmen wollen. Ein paar Ideen sind ihnen schon gekommen, aber es ist noch keine dabei, die sie beide gut finden. Sie wollen sich etwas Besonderes ausdenken, womit sie auch anderen eine Freude machen können. Plötzlich sagt Lena: »Ich hab's«, und zeigt nach draußen, »wir machen an den Autos Eis und Schnee weg!« Ihr Bruder schüttelt den Kopf. »Guck mal, wie viele das sind, die da auf der Straße parken«, sagt er. »Willst du die alle frei kratzen?« »Nein«, antwortet Lena, »natürlich nicht alle; wir könnten die Autos von den Leuten aus unserem Haus nehmen, die keine Garage haben. Das könnten wir schaffen.«

»Stimmt!«, sagt Jonas. Und er zählt auf: »Im Haus wohnen sechs Familien. Zwei haben eine Garage hinterm Haus, bleiben vier übrig. Da ist unser Auto; das von Frau Grabosch, das von Herrn Drostek und das von Herrn und Frau Bach.«

Lena und Jonas überlegen weiter, wie sie es machen wollen. Sie denken: Frau Grabosch arbeitet als Arzthelferin, Herr Drostek ist Schreiner, das Ehepaar Bach arbeitet in einem Supermarkt. Alle fahren morgens ungefähr zur gleichen Zeit zur Arbeit. Lena und Jonas wollen deshalb noch vor dem Frühstück die Autos ihrer Hausnachbarn von Eis und Schnee befreien. Dann könnten die Leute, wenn sie zu ihren Autos gehen, sofort losfahren.

»Weißt du, was«, sagt Lena zu ihrem Bruder, »wenn wir dann mit den Autos fertig sind, beobachten wir hier vom Fenster aus, wie die Leute zu ihren Autos gehen. Die werden vielleicht Augen machen!«

Lena und Jonas sind von ihrer Idee begeistert. Noch am gleichen Tag besorgen sie sich von ihrem Vater zwei Eiskratzer und zwei Handfeger.

Am nächsten Morgen beginnen sie noch vor dem Frühstück mit ihrer Arbeit. Es hat in der Nacht ganz schön geschneit und es hat gefroren. Lena und Jonas fegen zuerst den Schnee von den Autodächern und von den Scheiben. Dann kratzen sie mit den Eiskratzern die Scheiben frei. Nach einer Viertelstunde sind sie mit den Autos fertig. Dann sind sie froh, wieder im warmen Zimmer zu sein. Während sie frühstücken, beobachten sie vom Fenster aus, wie nacheinander Herr Drostek, Frau Grabosch und das Ehepaar Bach zu ihren Autos gehen. Alle bleiben erst erstaunt vor ihrem Auto stehen, gucken sich verwundert um und fahren dann los. Lena und Jonas beobachten alles von ihrem Versteck hinter der Gardine und haben dabei großen Spaß.

An den nächsten Tagen machen Lena und Jonas genauso weiter. Erst befreien sie die Autos von Schnee und Eis, dann sitzen sie hinter der Gardine und beobachten alles. Manchmal kommt es vor, dass zwei Autobesitzer gleichzeitig zur Haustür hinausgehen, an den Autos stehen bleiben und kurz miteinander sprechen. Worüber sie reden, können Lena und Jonas sich gut vorstellen.

Jetzt ist es Mittwochmorgen. Lena und Jonas sitzen mit ihren Eltern beim Frühstück. Gerade eben haben sie wieder beobachtet, wie ihre Hausnachbarn mit ihren Autos weggefahren sind. Da klingelt es.

»Wer schellt denn da so früh?«, wundert sich die Mutter und geht zur Haustür. Als sie zurückkommt, sagt sie: »Lena, Jonas, da hat jemand für euch etwas abgegeben.« Die beiden gucken sich verwundert an. »Was denn?«, fragt Jonas.

»Guckt doch selber«, antwortet die Mutter.

Lena und Jonas gehen zur Haustür. Da steht eine Kühltasche. Es klebt ein Zettel dran. Darauf steht: Für Lena und Jonas: Danke!

Die beiden gucken sich erstaunt an. Dann macht Lena den Zettel ab. Sie öffnet die Kühltasche. »Ist ja super!«, ruft Jonas, als er sieht, was darin ist. In der Kühltasche liegt ganz viel Eis am Stiel, insgesamt zwölf Stück.

»Mit Eis kennt ihr euch ja bestens aus«, hören sie da eine bekannte Stimme von der Hausecke her. Und da kommt ihnen schmunzelnd Frau Grabosch entgegen, dahinter Herr und Frau Bach und dahinter Herr Drostek. Lena und Jonas wissen jetzt, von wem und warum sie die Kühltasche mit Eis bekommen haben. Lena fragt: »Haben unsere Eltern ihnen gesagt, dass *wir* ihre Autos von Eis und Schnee befreit haben?«

»Nein«, sagt Frau Grabosch, »aber wir hatten euch beide im Verdacht. Und vorgestern hat Herr Drostek sich auf die Lauer gelegt und euch beobachtet.« Lena und Jonas sind zuerst enttäuscht, dass ihr Geheimnis gelüftet worden ist. Als sie aber hören, wie toll ihre Hilfe bei den Hausnachbarn angekommen ist, können sie wieder lachen.

Die Eltern von Lena und Jonas sind inzwischen auch an die Haustür gekommen. »Jetzt haben unsere beiden Eisexperten selber eine Überraschung erlebt«, sagt die Mutter.

»Eine eiskalte Überraschung«, fügt der Vater hinzu und zeigt auf die Kühltasche mit dem Eis.

Herbert Scholl

12. Stück für Stück

Thema: Geduld mit sich selbst haben.

Hinführung: Wer in einem Fach auch deshalb schlecht steht, weil er nicht konzentriert aufpassen kann, wird das von heute auf morgen nicht ändern können. Wer seine Hände nicht bei sich behalten kann und immer wieder stehlen oder auch lügen muss, wird das nicht von heute auf morgen abschaffen. Genauso wenig wie ein Raucher von heute auf morgen von vierzig Zigaretten auf Null kommt. Er muss es in kleinen Schritten versuchen.
Dazu ein tolles Beispiel:

Vorlesedauer: 2 Minuten

Irgendein Mann besaß einen Acker, den er aus Nachlässigkeit verwildern ließ, so dass er von Disteln und Dornen übersät war. Später aber wollte er ihn wieder urbar machen und sagte zu seinem Sohn: »Geh und reinige den Acker!«

Der Sohn ging hin, um ihn zu reinigen. Als er ihn aber betrachtet hatte, sah er die Menge des dort wachsenden Unkrauts und sprach ganz entmutigt zu sich selbst: »Wie soll ich das alles ausrotten und fortschaffen?« Und er warf sich zur Erde und schlief. So machte er es viele Tage.

Als sein Vater kam, um nachzusehen, was er bereits gearbeitet hatte, fand er ihn faul dasitzen. Und er fragte ihn: »Warum hast du bis jetzt nichts getan?« Der junge Mann erwiderte seinem Vater: »Als ich gekommen war, um zu arbeiten, sah ich die Unmenge von Disteln und Dornen, und da wusste ich nicht, wo ich anfangen sollte, und vor Wut legte ich mich auf die Erde und schlief.« Der Vater entgegnete ihm: »Mein Sohn, arbeite täglich nur so viel, als dein Körper, wenn du liegst, Raum einnimmt, und so wird deine Arbeit allmählich voranschreiten, und du wirst dabei nicht verzagt sein.« Als der junge Mann das gehört hatte, handelte er danach, und in kurzem war der Acker gereinigt und urbar gemacht.

Quelle unbekannt

13. Was soll Tamara tun?

Thema: Gewissenskonflikt.

Hinführung: Mittlerweile können Erwachsene vom Gesetz her bestraft werden, wenn sie in einer Not einem anderen keine Hilfe erwiesen haben. Wie beurteilst du das Verhalten der beiden Mädchen in folgender Geschichte?

Vorlesedauer: 3 1/2 Minuten

In der großen Pause stehen Christian, Sven und Mike am Rande des Schulhofes. Sie scheinen etwas sehr Wichtiges miteinander zu bereden. Auf einmal heben alle drei die rechte Hand wie zu einem Schwur. Auch in der nächsten kleinen Pause im Klassenzimmer stecken sie die Köpfe wieder zusammen.

»Schau mal die drei da drüben«, sagt Tamara zu Anne. »Die flüstern dauernd miteinander. Ich möchte wissen, was die so geheimnisvoll tun.« Tamara und Anne nähern sich den Jungen so unauffällig wie möglich. »Du passt vor der Tür auf und hustest laut, wenn jemand kommt«, hören sie Christian flüstern. »Du lenkst die alte Schneider ab und ich schnappe in der Zwischenzeit...« Christian dreht den Kopf. »He, haut bloß ab hier!«, sagt er zu Tamara und Anne. »Sonst gibt's Zunder!« »Wir dürfen gehen, wo wir wollen«, sagt Tamara. »Das kannst du nicht bestimmen.«

»Du wirst gleich sehen, was ich kann!« Christian gibt Tamara einen Stoß, dass sie beinahe hinfällt.

»Du Angeber!«, ruft Tamara. »Sei still«, flüstert Anne. »Der ist doch viel stärker als du.« Sie schiebt Tamara zu ihrem Platz. »Soll ich mir deswegen alles gefallen lassen?« »Nein, aber...« »Hast du gehört«, unterbricht Tamara Anne, »die haben was vor. Ich glaub', die wollen bei der alten Schneider klauen.«

Als die Schule endlich aus ist, warten Tamara und Anne, bis Christian, Sven und Mike draußen sind. Dann schleichen sie hinter ihnen her. Plötzlich dreht sich Christian um. Tamara und Anne ducken sich schnell und verstecken sich hinter einem Auto.

»Ob er uns gesehen hat?« »Glaub ich nicht.« Tamara hebt den Kopf ein wenig und guckt durch die Autoscheiben. Sie laufen schon weiter. »Komm!« »Ich hab Angst.« Tamara fasst Anne an der Hand und zieht sie mit. »Komm, sonst sind sie weg!«

Die drei Jungen gehen auf den Spielwarenladen von Frau Schneider zu. Ein Mann ist drin und redet mit ihr. Christian, Sven und Mike warten, bis der Mann herauskommt. Dann gehen Christian und Sven in den Laden. Mike bleibt vor der Tür stehen.

Tamara und Anne kauern hinter einem Auto und beobachten alles.

»Was hab ich gesagt«, flüstert Tamara. »Die wollen klauen.«

»Das dürfen die doch nicht!« »Drum laufen wir jetzt hinüber und sagen es der Schneider.« Tamara will los, aber Anne hält sie fest. »Nein, nicht! Sonst schlagen sie uns!« Anne schaut Tamara an.

»Ich geh nicht mit, ich hab Angst.«

»Meinst du, ich nicht?«

»Komm, wir hauen ab«, bittet Anne.

Tamara schüttelt den Kopf.

»Aber ich verschwinde«, sagt Anne.

Und bevor Tamara noch etwas sagen kann, ist Anne weg. Jetzt hockt Tamara allein hinter dem Auto und weiß nicht, was sie tun soll.

Manfred Mai

14. Eine ungerechte Welt

Thema: Arme – reiche Welt.

Hinführung: Wie oft erreichen uns im Fernsehen Berichte über verhungernde Kinder. Habt ihr dann nicht auch schon gedacht: Wenn doch Gott ein Herz für alle hat, warum hilft er da nicht? Wir hören ein Geschichte, die über hundert Jahre alt ist und die zeigt, dass sich bis heute nicht viel geändert hat.

Vorlesedauer: 10 $^1/_2$ Minuten

Ein Mädchen und ein Knabe fuhren in einer Kalesche von einem Dorf in das andere. Das Mädchen war sechs und der Knabe sieben Jahre alt. Sie waren nicht Geschwister, sondern Vetter und Base. Ihre Mütter waren Schwestern. Die Mütter waren zu Gast geblieben und hatten die Kinder mit der Kinderfrau nach Hause geschickt. Als sie durch ein Dorf kamen, brach ein Rad am Wagen, und der Kutscher sagte, sie könnten nicht weiterfahren. Das Rad müsse ausgebessert werden und er werde es gleich besorgen.

»Das trifft sich gut«, sagte die Niania, die Kinderfrau. »Wir sind so lange gefahren, dass die Kinderchen hungrig geworden sind. Ich werde ihnen Brot und Milch geben, die man uns zum Glück mitgegeben hat.« Es war im Herbst und das Wetter war kalt und regnerisch. Die Kinderfrau trat mit den Kindern in die erste Bauernhütte, an der sie vorüberkamen. Die Stube war schwarz, der Ofen ohne Rauchfang. Wenn diese Hütten im Winter geheizt werden, wird die Tür geöffnet, und der Rauch zieht so lange aus der Tür, bis der Ofen heiß ist. Die Hütte war schmutzig und alt, mit breiten Spalten im Fußboden. In einer Ecke hing ein Heiligenbild, ein Tisch mit Bänken stand davor. Ihm gegenüber befand sich ein großer Ofen.

Die Kinder sahen in der Stube zwei gleichaltrige Kinder: ein barfüßiges Mädchen, das nur mit einem schmutzigen Hemdchen bekleidet war, und einen dicken, fast nackten Knaben. Noch ein drittes Kind, ein einjähriges Mädchen, lag auf der Ofenbank und weinte ganz herzzerreißend. Die Mutter suchte es zu beruhigen, wandte sich aber von ihm ab, als die Kinderfrau eine Tasche mit blinkendem Schloss aus dem Wagen ins Zimmer brachte. Die Bauernkinder staunten das glänzende Schloss an und zeigten es einander. Die Kinderfrau nahm eine Flasche mit warmer Milch und Brot aus der Reisetasche, breitete ein sauberes Tuch auf dem Tisch aus und sagte: »So, Kinderchen, kommt, ihr seid doch wohl hungrig geworden?« Aber die Kinder folgten ihrem Ruf nicht. Sonja, das Mädchen, starrte die halbnackten Bauernkinder an und konnte den Blick nicht von ihnen abwenden. Sie hatte noch nie so schmutzige Hemden und so nackte Kinder gesehen und staunte sie nur so an. Petja aber, der Knabe, sah bald seine Base, bald die Bauernkinder an und wusste nicht, ob er lachen oder sich wundern sollte. Mit besonderer Aufmerksamkeit musterte Sonja das kleine Mädchen auf der Ofenbank, das noch immer laut schrie.

»Warum schreit sie denn so?«, fragte Sonja.

»Sie hat Hunger«, sagte die Mutter.

»So geben Sie ihr doch etwas.«

»Gern, aber ich habe nichts.«

»So, jetzt kommt«, sagte die Niania, die inzwischen das Brot geschnitten und zurechtgelegt hatte.

Die Kinder folgten dem Ruf und traten an den Tisch. Die Kinderfrau goss ihnen Milch in kleine Gläschen ein und gab jedem ein Stück Brot. Sonja aber aß nicht und schob das Glas von sich fort. Und Petja sah sie an und tat das gleiche.

»Ist es denn wahr?«, fragte Sonja, auf die Bauersfrau zeigend.

»Was denn?«, fragte die Niania.

»Dass sie keine Milch hat?«

»Wer soll das wissen? Euch geht es nichts an.«

»Ich will nicht essen«, sagte Sonja.

»Ich will auch nicht essen«, sprach Petja.

»Gib ihr die Milch«, sagte Sonja, ohne den Blick von dem kleinen Mädchen abzuwenden.

»Schwatze doch keinen Unsinn«, sagte die Niania.

»Trinkt, sonst wird die Milch kalt.«

»Ich will nicht essen, ich will nicht!«, rief Sonja plötzlich.

»Und auch zu Hause werde ich nichts essen, wenn du ihr nichts gibst.«

»Trinkt ihr zuerst, und wenn etwas übrigbleibt, so gebe ich es ihr.«

»Nein, ich will nichts haben, bevor du ihr etwas gegeben hast. Ich trinke auf keinen Fall.«

»Ich trinke auch nicht«, wiederholte Petja.

»Ihr seid dumm und redet dummes Zeug«, sagte die Kinderfrau.

»Man kann doch nicht alle Menschen gleichmachen! Das hängt eben von Gott ab, der dem einen mehr gibt als dem andern. Euch, eurem Vater, hat Gott viel gegeben.«

»Warum hat er ihnen nichts gegeben?«

»Das geht uns nichts an – wie Gott will«, sagte die Niania. Sie goss ein wenig Milch in eine Tasse und gab diese der Bauersfrau. Das Kind trank und beruhigte sich.

Die beiden anderen Kinder aber beruhigten sich noch immer nicht, und Sonja wollte um keinen Preis etwas essen oder trinken.

»Wie Gott will...«, wiederholte sie. »Aber warum will er es so? Er ist ein böser Gott, ein hässlicher Gott, ich werde nie wieder zu ihm beten.« »Pfui, wie abscheulich!«, sagte die Niania. »Warte, ich sage es deinem Papa.«

»Du kannst es ruhig sagen, ich habe es mir ganz bestimmt vorgenommen. Es darf nicht sein, es darf nicht sein.«

»Was darf nicht sein?«, fragte die Niania.

»Dass die einen viel haben und die anderen gar nichts.«

»Vielleicht hat Gott es absichtlich so gemacht«, sagte Petja.

»Nein, er ist schlecht, schlecht. Ich will weder essen noch trinken. Er ist ein schlimmer Gott! Ich liebe ihn nicht.«

Plötzlich ertönte vom Ofen herab eine heisere, vom Husten unterbrochene Stimme: »Kinderchen, Kinderchen, ihr seid liebe Kinderchen, aber ihr redet Unsinn.«

Ein neuer Hustenanfall unterbrach die Worte des Sprechenden. Die Kinder starrten erschrocken zum Ofen hinauf und erblickten dort ein runzliges Gesicht und einen grauen Kopf, der sich vom Ofen herabneigte. »Gott ist nicht böse, Kinderchen, Gott ist gut. Er hat alle Menschen lieb. Es ist nicht sein Wille, dass die einen Weißbrot essen, während die anderen nicht einmal Schwarzbrot haben. Nein, die *Menschen* haben es so eingerichtet. Sie haben es darum getan, weil sie ihn vergessen haben.«

Der Alte bekam wieder einen Hustenanfall. »Sie haben ihn vergessen und es so eingerichtet, dass die einen im Überfluss leben und die anderen in Not und Elend vergehen. Würden die Menschen nach Gottes Willen leben, dann hätten alle, was sie nötig haben.«

»Was soll man aber tun, damit alle Menschen alles Nötige haben?«, fragte Sonja.

»Was man tun soll?«, wisperte der Alte. »Man soll Gottes Wort befolgen. Gott befiehlt, man soll alles in zwei Teile teilen.«

»Wie, wie?«, fragte Petja.

»Gott befiehlt, man soll alles in zwei Teile teilen.«

»Er befiehlt, man soll alles in zwei Teile teilen«, wiederholte Petja.

»Wenn ich einmal groß bin, werde ich das tun.«

»Ich tue es auch«, versicherte Sonja.

»Ich habe es eher gesagt als du!«, rief Petja. »Ich werde es so machen, dass es keine Armen mehr gibt.«

»Na, nun habt ihr genug Unsinn geschwatzt«, sagte die Niania.

»Trinkt die Milch aus.«

»Wir wollen nicht, wollen nicht, wollen nicht!«, riefen die Kinder einstimmig aus. »Wenn wir erst groß sind, tun wir es unbedingt.«

»Ihr seid brave Kinderchen«, sagte der Alte und verzog seinen Mund zu einem breiten Lachen, dass die beiden einzigen Zähne in seinem Unterkiefer sichtbar wurden.

»Ich werde es leider nicht mehr erleben. Ihr habt aber einen wackeren Entschluss gefasst. Gott helfe euch.«

»Mag man mit uns machen, was man will«, rief Sonja, »wir tun es doch!«

»Wir tun es doch«, bekräftigte auch Petja.

»Das ist recht, das ist recht«, sprach der Alte lächelnd und hustete wieder.

»Und ich werde mich dort oben über euch freuen«, sprach er, nachdem der Husten vorüber war. »Seht nur zu, dass ihr's nicht vergesst.«
»Nein, wir vergessen es nicht!«, riefen die Kinder aus.

»Recht so, das wäre also abgemacht.«

Der Kutscher kam mit der Nachricht, dass das Rad ausgebessert sei, und die Kinder verließen die Stube.

Was aber weiter sein wird, werden wir ja sehen.

Leo Tolstoi

15. Der Hunger ist gross

Thema:	Hunger in der Welt.
Hinführung:	Es gibt was zum Schmunzeln über das, was ein Grundschulkind aus Neapel zu Papier gebracht hat. Ich bin gespannt, was ihr dazu sagt.
Vorlesedauer:	2 Minuten

Ein neapolitanisches Grundschulkind schreibt in einem Aufsatz zum Thema »Hunger in der Welt«:

Der Hunger in der Welt ist sehr groß. Es gibt Völker, die vor Hunger sterben. Es gibt da die Fliegen. Die Krokodile. Die Spinnen. Den Hunger. Das ist Afrika. Aber auch Indien ist nicht zum Lachen.

In China bezahlen sie dich, wenn du ein Kind nicht kriegst. Der Hunger in der Welt wimmelt wie die Würmer, wie die Regenwürmer. Es gibt sehr reiche Länder, die nicht mal wissen, wo der Hunger zu Hause ist. Aber da ist Indien, Afrika, Brasilien; die wissen es, wo der Hunger zu Hause ist! Die Welt ist zum Kotzen. Die Erde ist zum Kotzen. Der Mensch ist zum Kotzen. Die Welt verhält sich wie der reiche Prasser, und Lazarus wäre dann Afrika und auch ein bisschen von Peru. Peru war früher einmal sehr reich, jetzt tut ihm der Bauch weh vor lauter Hunger.

Die Welt ist zum Kotzen, ich habe keine Angst, das zu sagen, weil ich bin der Klassensprecher, und bestimmte Sachen darf ich sagen. Und so schließe ich den Aufsatz mit diesen Worten: Der Mensch stammt nicht vom Affen ab, sondern vom Vampir.

Schüler aus Italien

16. Ungerechte Aufteilung

Thema: Die so genannte Dritte Welt.

Hinführung: Ihr wisst, wie gerecht eure Mutter einen Kuchen aufteilt, damit nur ja niemand meckert. Ich lese euch jetzt von einer Frau vor. Sie ist die »Mutter Erde«. Und ihre zwölf Kinder sind die über sechs Milliarden Menschen, die momentan auf der Erde wohnen.

Vorlesedauer: 2 Minuten

Eine Frau hat ihr ganzes Leben für ihre zwölf Kinder eingesetzt. Zu einem Festtag lädt sie alle ihre Kinder ein. Sie backt einen großen Kuchen, in den sie alles hineintut, was sie an Zutaten hat. Aber auch all ihren Einsatz und ihre Liebe, mit der sie alle Kinder in gleicher Weise liebt. Dann setzt sie den Kuchen ihren Kindern vor und sagt: »Teilt ihn unter euch«, und geht hinaus. Sofort nehmen sich die beiden Stärksten drei Viertel des Kuchens. Die anderen streiten sich um den Rest und geraten sich dabei in die Haare. An die beiden Stärksten aber wagt sich niemand heran. Als die Mutter wieder ins Zimmer kommt, wird sie traurig. Der Kuchen reichte für alle. Jeder bekäme genug. Jeder bekäme genug von ihrer Liebe. Jetzt aber ist Streit. Auf ihr Zureden erklären sich die beiden Stärksten bereit, von den drei Vierteln des Kuchens, die sie sich gesichert hatten, ein Viertel wieder abzugeben und unter die anderen zu verteilen. »Freiwillig«. Die Hälfte jedoch behalten sie für sich. Die andere Hälfte war für die zehn anderen bestimmt. Der Streit wird weitergehen.

nach Bischof Antonio Frageoso

17. Die zwei Welten

Thema:	Ein weiter Weg zu einer Welt.
Hinführung:	Stellt euch vor, die Soldaten einer fremden Nation, vielleicht eine UFO-Besatzung, fiele über uns her und würde uns in ein unterentwickeltes Land verwandeln – wie es über fünfzig Länder auf unserer Welt sind. Was würde dann passieren?
Vorlesedauer:	3 1/2 Minuten

Es wäre ein Alptraum, eine deutsche Familie in eine zu verwandeln, wie sie in der entwicklungsfähigen Welt gang und gäbe sind:

Wir dringen in das Haus unserer Familie ein und schaffen zuerst die Möbel weg. Alles: Betten, Stühle, Tische, Fernsehapparat, Lampen. Wir lassen der Familie ein paar alte Decken, einen Küchentisch, einen Holzstuhl. Den Möbeln folgt die Kleidung. Jeder darf von der Garderobe jeweils den ältesten Anzug, ein Kleid, ein Hemd oder eine Bluse behalten. Dem Familienvater bleibt ein paar Schuhe, aber nicht der Frau, nicht den Kindern.

Wir gehen in die Küche: Die Speisekammer wird geleert bis auf ein Paket Mehl, etwas Zucker und Salz und Streichhölzer. Ein paar faule Kartoffeln, schon im Abfalleimer, müssen wieder hervorgeholt werden, denn sie werden der Hauptteil des Abendessens sein müssen; zurück bleiben eine Hand voll Zwiebeln und eine Schüssel trockener Bohnen; alles Übrige verschwindet: das Fleisch, das frische Gemüse, die Konserven, Kekse, Süßigkeiten.

Jetzt weiter zum übrigen Haus: Das Badezimmer wird zugemauert, das fließende Wasser abgestellt, die elektrischen Anlagen herausgerissen. Ja, wir nehmen das ganze Haus fort. Die Familie kann in den Werkzeugschuppen ziehen. Er ist eng, aber sie hat es immer noch besser als viele Familien in der Welt.

Doch wir haben mit der Angleichung gerade erst begonnen: Alle anderen Häuser in der Nachbarschaft werden genauso entfernt. Unser

Vorort wird zur Barackensiedlung. Aber wir haben wenigstens ein Dach über dem Kopf! Und durch unsere Wohnung läuft kein Wasser, wenn es stark regnet. Es verschwindet noch mehr: Es gibt keine Zeitungen, keine Illustrierten, keine Bücher, stattdessen erlauben wir für die ganze Siedlung: ein Radio! In Indien ist der Durchschnitt: ein Radio auf etwa 300 Menschen.

Als Nächstes müssen die »öffentlichen Dienste« aufgehoben werden; kein Briefträger mehr, keine Feuerwehr. Es gibt eine Schule, aber die ist fünf Kilometer weit weg und hat nur zwei Klassenräume. Weil die Hälfte der Kinder nicht zur Schule geht, bekommt man sogar einen Platz in diesen Zimmern. Natürlich ist kein Krankenhaus oder Arzt in der Nähe. Die nächste Klinik ist 15 Kilometer entfernt und dort ist nur eine Hebamme. Die Klinik könnte mit dem Fahrrad erreicht werden, aber es ist unwahrscheinlich, dass eines vorhanden ist. Man kann auch mit dem Bus fahren – aber nicht immer im Bus, meist ist nur noch Platz auf dem Dach.

Wir überlassen der ganzen Familie als Rücklage zehn Euro. Ob der Vater Arbeit findet, ist ungewiss. Vielleicht werden die Kinder irgendwo angestellt. Denen braucht man nicht so viel Arbeitslohn zu geben. Wenn sie einen Tag gut gearbeitet haben, vielleicht 30 Cent. Und wenn sie keine Arbeit finden? Nun, sie können den Abfall auf den Straßen durchsuchen und wie persische Kinder in Hungerzeiten unverdaute Haferkörner aus dem Pferdemist suchen.

Wir haben noch vieles ausgelassen: die Krankheiten, die Fliegen, die Abwässer. Und das Gefühl der Hoffnungslosigkeit: Es wird nie besser.

18. Das Opfer

Thema: Opfertod

Hinführung: Jesus ist für die Menschen gestorben. Das verstehen manche nicht: Stellvertretend für andere sterben? Wer Harry Potter gelesen hat, weiß, dass seine Eltern für ihn starben und so einen Schutzschild um Harry gelegt haben, den der böse Voldemort nicht durchdringen konnte. Wir hören von einem Beispiel aus der Natur:

Vorlesedauer: 1 1/2 Minuten

In dem Filmbericht »Das grüne Geheimnis« wird das Leben in den Urwäldern Südamerikas geschildert. Hirten müssen eine Büffelherde über den Fluss bringen. Drüben ist frisches Gras; an diesem Ufer ist bereits alles abgeweidet. Im Fluss aber sind die Piranhas, Millionen kleiner beutegieriger Fische mit scharfen Zähnen. Die Hirten nehmen einen Büffel, ritzen ihn blutig und treiben ihn in das Wasser. Das Opfer bäumt sich hoch, schlägt um sich und schreit in Todesschrecken. Um das Opfer herum wird es blutrot. Wenn es sich aus dem Wasser reißt, sieht man herausgefressene Lücken in seinem Leib. Das Ende dieses furchtbaren Opferganges ist ein abgenagtes Skelett, das die Fluten mit sich treiben. Aber die Herde ist gerettet. Oberhalb dieser Opferstätte hat sie wohlbehalten den Todesstrom überqueren können.

19. Die Geschichte vom unwissenden Bauern

Thema: Die bleibende Armut in Ländern der so genannten Dritten Welt.

Hinführung: Warum bleiben wir reich und die Armen arm?

Vorlesedauer: 3 1/2 Minuten

Es war einmal ein Bauer, der lebte mit seiner Familie im Nordosten Brasiliens, in der Stadt Recife. Er hieß Luis und war ein geschickter und fleißiger Mann. Als Kind schon hatte er viel arbeiten müssen. Weil er nicht zur Schule gehen konnte, konnte er nicht lesen, nicht schreiben und nicht rechnen. Vornehm sprechen hatte er auch nicht gelernt. Sein Haus und sein Stück Land waren nicht groß, aber es reichte für ihn und seine Familie gerade zum Leben, obwohl er gerne besser gelebt hätte. Er hatte sein Land in vier gleich große Felder für Baumwolle, Mais, Maniok und Bohnen eingeteilt. Die beiden größeren Kinder Miguel und Anna-Maria mussten mit auf dem Feld anbauen und ernten helfen.

Eines Tages kam ein Händler vorbei. Luis bewunderte ihn, weil er lesen, rechnen und schreiben konnte. Und weil er vornehm sprechen konnte, meinte er, der Händler sei viel klüger als er. Der Händler sagte zu ihm: »Wenn du auf allen deinen Feldern Baumwolle anbaust, nichts als Baumwolle, so kannst du viel Geld verdienen. Baumwolle ist teuer, denn jeder braucht sie, und ich kaufe sie dir ab. Alles, was du zum Leben brauchst, kannst du bei mir kaufen: Mais, Maniok, Fleisch, Zigaretten, Stoff, alles. Was du brauchst, kriegst du schon jetzt und zahlst nach der Ernte.« Der Bauer tat, was der Händler ihm gesagt hatte. Er baute nur noch Baumwolle an, kaufte alle Dinge, die er brauchte und dachte: Kaufe jetzt und zahle später.

Einige Monate später hatte Luis eine gute Ernte und freute sich darüber. Mit seiner Baumwolle ging er zum Händler. Dieser schaute sorgenvoll drein: »Ach, so viel Baumwolle. Alle haben Baumwolle angebaut, mehr, als ich weiterverkaufen kann. Ich nehme sie, dir zuliebe, aber ich kann nicht so viel zahlen, wie ich hoffte.«

Als er die Baumwolle wog, tat der Händler ganz betrübt: »Das ist gar nicht so viel, wie ich dachte.« Dann nahm er eine Hand voll heraus und meinte: »Die ist aber hart und schmutzig.« Er fing an zu rechnen, schaute in das Heft, in dem die unbezahlten Einkäufe standen, schrieb und seufzte: »Hm, lieber Luis, da bleibt ja nicht viel Geld übrig bei den Schulden, die du bei mir gemacht hast wegen deiner Einkäufe.«

Ganz schwindlig wurde dem armen Bauern. Was hatte er nur falsch gemacht?

Doch der Händler sprach weiter: »Wenn du Tabak anbaust, nichts als Tabak...« Luis tat wieder, was der Händler ihm gesagt hatte, weil er ihn immer noch für schlau hielt. Am Ende des nächsten Jahres hatte der Bauer hohe Schulden bei dem Händler, weil er weiter bei ihm einkaufen musste. Vielen anderen Bauern ging es genauso. Auch sie hatten alle auf den Rat des Händlers gehört und Tabak angebaut. Die Bauern wurden ärmer als zuvor, der Händler dagegen wurde reich. Luis grübelte und grübelte. Er hatte sich so angestrengt. Miguel und Anna-Maria hatten auch geholfen und konnten deswegen immer noch nicht zur Schule gehen. Warum war er jetzt ärmer als früher?

20. Das sonderbare Bild

Thema: Tod eines Feuerwehrmannes.

Hinführung: Immer, wenn einer sein Leben für einen anderen hingibt, stehen die Menschen stumm da vor solch einer Liebe.

Vorlesedauer: 3 1/2 Minuten

Beim Versteckspiel in der Wohnung der Freundin entdeckte Sabine mitten im Suchen über dem Bett ihrer Freundin Nicole ein seltsames, eingerahmtes Bild: etwas Blaugraues mit schwarzbraunen Rändern und einem Loch in der Mitte. Sie nahm gerade das komische Etwas von der Wand, um es sich genauer anzusehen, da stand schon Nicole neben ihr, riss ihr mit hochrotem Kopf das Bild aus der Hand und sagte ärgerlich: »Lass meine Sachen in Ruh' – das geht dich nichts an!« Aber auch Sabine war nicht auf den Mund gefallen: »So ein blöder, alter Lappen an der Wand, was soll das?«

Die schönste Zankerei war gleich im Gange, als Frau Hofer von der Arbeit nach Hause kam. Mit einem Blick sah sie, was geschehen war.

»Kommt«, sagte sie, »vertragt euch. Sabine kann ja nicht wissen, worüber sie lacht. Nicht wahr, Nicole, wir wollen es ihr erzählen.« So erfuhr Sabine die Geschichte des sonderbaren Bildes.

Als Nicole drei Jahre alt gewesen war, waren die Eltern eines Abends ins Theater gegangen. Bei ihrer Heimkehr schlugen ihnen aus den Fenstern ihrer Wohnung Flammen und Rauchwolken entgegen. Viele Leute drängten sich unten auf der Straße. Auch die Feuerwehr war schon da. Es war ein schreckliches Durcheinander und Rufen und Laufen und Gedränge gewesen. Aber Nicoles Mutter hatte alles das gar nicht wahrgenommen. »Mein Kind«, hatte sie nur immer wieder gerufen, »mein Kind – es ist in der Wohnung!« Mit Gewalt hatte man sie festgehalten, als sie in das brennende Haus laufen wollte. Da hatte ein junger Feuerwehrmann die lange Brandleiter an das Fenster gelegt, war flink hinaufgeklettert und in der Glut verschwunden, ehe die Leute recht begriffen, was da vor ihren Augen geschah. Totenstill hatten sie auf einmal dagestanden und zu dem Fenster hinaufgeschaut. Würde er es schaffen? Würde er das Kind retten?

Da tauchte er am Fenster auf. In den Armen hielt er ein Bündel – es war Nicole. Mit letzter Kraft kam er von der Leiter herunter. Er brach zusammen. Zwei Tage später starb er im Krankenhaus – Nicole aber lebte.

Frau Hofer schob Sabine das Bild hin. »Sieh«, sagte sie, das ist ein Stückchen von dem Rock, den er trug. Die Ränder sind versengt und ein Loch ist hineingebrannt. Aber jetzt wirst du verstehen, warum das Bild kostbarer ist als alle anderen, die wir besitzen, und warum es über Nicoles Bett hängt.«

»Ja«, sagte Sabine still, »jetzt verstehe ich es. Wenn er nicht sein Leben eingesetzt hätte, wäre Nicole tot.« Und ganz vorsichtig hängte sie das kostbare Bild wieder an den Nagel, von dem sie es vorhin abgenommen hatte.

(Jetzt auf den Opfertod Jesu Christi eingehen.)

21. Der dumme Martinez

Thema:	Ein Schüler opfert sich trotz Ablehnung durch den anderen!
Hinführung:	Würdest du einem Schüler, der dich schneidet, im Ernstfall beistehen?
Vorlesedauer:	3 Minuten

In der Schule von Desiderial ist ein Junge namens Martinez, der kann nicht rechnen und nicht schreiben und nicht lesen. Er kann nur Blumen gießen und Hefte austeilen, und die Landkarte aufhängen, ja, das kann er auch, und das tut er sogar am liebsten. Kein anderer weiß so gut mit dem verzwickten Kartenständer und der langen Schnur umzugehen, die daran ist und durch allerlei Ösen und Haken läuft. – Die Kinder mögen Martinez nicht gern und nennen ihn den »dummen Martinez«.

Eines Tages sagt der Lehrer: »Martinez, bleib heute nach dem Unterricht mit Jo in der Klasse und mach das Aquarium sauber.« Das tut Martinez gern, aber Jo, der ist gar nicht gern mit Martinez zusammen. Er spricht kein Wort mit ihm.

Auf einmal hören die beiden Jungen aufgeregte Schreie. Ist es auf der Straße? In der Schule? Im Flur hört man Rufen und bald dringt ein beißender Geruch in die Klasse. Jo reißt die Tür auf. Qualm und Flammen schlagen ihm entgegen. Die Schule brennt!

»Martinez! Martinez!«, schreit Jo. »Hilf mir! O weh, wir verbrennen!« Das Feuer kommt schon in die Klasse, frisst sich in den Fußboden ein, packt die ersten Bänke. Die einzige Rettung wäre ein Sprung aus dem Fenster. Doch das ist acht Meter über der Straße. Da springt Martinez zum Kartenständer. Flink wie eine Katze knotet er die Kordel los, reiht sie aus den Ösen, löst sie von den Aufhängehaken, bindet sie mit geschickten Griffen Jo unter den Armen um die Brust und eilt mit ihm ans Fenster. Vorsichtig klettert Jo auf das Sims, hält sich an den Steinen, am Blitzableiter, am Antennendraht. Dann muss er springen. Oben steht Martinez und hält die Schnur; sie schneidet scharf in seine Hand. Als Jo gerade wohlbehalten unten ankommt, ist auch die Feuerwehr zur Stelle.

Doch die Flammen haben Martinez schon ganz verbrannt.

Die Leute, die durch das Sirenengeheul der Feuerwehr auf den Brand aufmerksam geworden und zur Schule gelaufen sind, stehen stumm auf der Straße, und einer fragt den anderen: »Wer war es?« Und sie antworten einander: »Es war der Martinez, der kleine Dumme, wissen Sie?« – Aber war er wirklich so dumm gewesen, der tapfere Martinez?

Josef Quadflieg

22. Sekunden der Entscheidung

Thema: Opfertod eines Fliegers.

Hinführung: Häufig lesen wir in der Zeitung, dass Menschen im Notfall ihr Leben für andere hingeben. Welch große Liebe!

Vorlesedauer: 3 1/2 Minuten

In diesem Augenblick wusste Archibald Atkins, dass er die Sonne zum letzten Mal sah. Es war eine späte, tief stehende Sonne, ihr violettgoldener Kranz zeigte bevorstehende unbarmherzige Kälte an, und doch war sie ihm noch nie so schön erschienen ...

Er hätte aussteigen können. Eben noch. Vor ein, zwei Sekunden. Zwei-, dreitausend Meter, das hätte gereicht. Er hatte den Fallschirm schon umgeschnallt. Aber diese wenigen Sekunden hatten genügt, einen Entschlusss zu fassen. Es gab keinen anderen Ausweg, überhaupt keinen Ausweg. Man musste sich entscheiden. Entscheidungen wie diese wurden in größter Einsamkeit und Verlassenheit gefällt. Und Archibald Atkins war einsam und er war allein.

»Steigen Sie aus, Atkins ...«, erklang die Stimme des Mannes von der Flugsicherung im Kopfhörer.

Er hörte nichts. Er fühlte nichts. Er sah nur durch das Fenster der Bordkanzel die Erde auf sich zurasen, immer näher kommen, die wenigen Häuser, die schnurgeraden, zwischen den dunklen Feldern in der Sonne blinkenden Straßenzüge.

Er dachte an Mary und die Kinder. Er dachte daran, dass Jack gestern drei Jahre alt geworden war. Er dachte an sein aufkreischendes Lachen und an die Sommersprossen in seinem Gesicht, genau wie Mary sie hatte. Und er dachte an Helen, die jetzt bei ihren Schulaufgaben sitzen mochte und wie immer mit ärgerlicher Stimme ihre Mutter bat, Jack in den Garten hinauszuschicken.

Den Flugplatz konnte er nicht mehr erreichen. Das Höhenruder klemmte. Er wusste, was das bedeutete bei einer Probemaschine wie dieser. Es war das Ende.

Dann eine andere Stimme im Kopfhörer. »Atkins, steigen Sie aus. Sofort!« Es war der Commander persönlich. »Ich befehle es Ihnen.« Nein, es gab keine andere Lösung mehr für ihn. Er hatte kaum noch Spielraum. Ein, zwei Millimeter, wenn er das Höhenruder ganz hart anzog. Zwei Millimeter. Das war ein halber Kilometer bei dieser Geschwindigkeit. Und darauf kam es an. »Atkins, steigen Sie aus!«

Da, jetzt war die Schule unter ihm. Eine kleine Dorfschule nur, mit wenigen Kindern. Und es waren Kinder darin, Kinder wie Helen, so ungeduldig, Kinder wie Jack, so sommersprossig. Der Flugzeuglärm störte sie jetzt da unten beim Unterricht. Sie würden aufblicken. Aber sie waren es gewohnt, dass Düsenmaschinen so tief über sie hinwegrasten. Der Flugplatz lag ja ganz in der Nähe.

»Nein, Sir... die Schule.« Die Kinder würden den Aufschlag spüren, weit entfernt, und die Fensterscheiben würden ganz leise klirren. Sie würden sich schweigend ansehen, sekundenlang... »Weiter Kinder«, würde der Lehrer sagen, »es war nichts ... nun mal weiter, also, wer war gerade dran ...?« Archibald Atkins glaubte noch, ein leises Aufstöhnen der Erde zu vernehmen über die Wunde, die er ihr zufügte, dann umfingen ihn ihre mütterlichen, warmen, alles verzeihenden Arme ...

Einen Tag lang hatten die Rettungsmannschaften zu graben, bis sie an das Wrack herankamen.

Helmut Pätz

(In vielen Schulklassen hängt ein Kreuz, das uns an den erinnern soll, der sein Leben für uns hingab.)

23. Ich lache mit ihnen

Thema:	Krankheit – Tod.
Hinführung:	Auch kleine Kinder erkranken an Krebs und können daran sterben. Ich lese euch von einem größeren Kind vor und wie es damit umging.
Vorlesedauer:	3 ½ Minuten

Es war im Oktober. Wieder einmal musste ich Vertretung in einer zweiten Klasse machen. Ich kannte die Kinder gut. Mit einem Spiel wollte ich den Vormittag beginnen, da stutzte ich – diesen Jungen hatte ich hier noch nie gesehen. Ich erschrak, als ich ihn genauer betrachtete: klein, dürr, ganz blass und kaum Haare auf dem Kopf.

»Wie heißt du denn? Ich kenne dich ja gar nicht!«, fragte ich nach einigen Augenblicken des Schweigens. »Werner«, antwortete er mit einer dünnen, hohen, aber fröhlichen Stimme. »Aha, du bist offensichtlich neu in der Klasse?« – »Ich bin schon immer in dieser Klasse!«

Ich wollte nicht weiterfragen. Wir arbeiteten fleißig. Meine Gedanken aber kreisten um Werner. Was kann mit diesem Kind los sein? War es krank? War es umgezogen oder, oder, oder ...?

»Wir gehen zum Sport!«, rief ich am Ende dieser Stunde. Das war ein Hallo! Die Leitern wurden aufgestellt und die dicke Matte lag darunter. Leichtfüßig und schnell wie ein kleiner Schimpanse kletterte Werner auf die Leiter, um sich mit einem Affenschrei herunterplumpsen zu lassen. Plötzlich ging er auf mich zu und sagte: »Ich höre jetzt auf. Ich darf mich nicht überanstrengen!« Erstaunt setzte ich mich zu ihm. Da erzählte er: »Wissen Sie, ich war ein halbes Jahr lang im Krankenhaus. Und da drunter« – er deutete auf sein T-Shirt, aus dessen Ausschnitt ein Pflästerchen herausschaute – »da sitzt immer noch ein Gummischlauch, der in den Körper hineinoperiert ist. Der tut gar nicht weh! Und wissen Sie, warum ich den Schlauch habe? Weil ich nämlich den Krebs gehabt habe, den Krebs im Bauch, wissen Sie. Da war ein dickes, hartes Geschwür, so groß wie eine Männerfaust. Das haben die im Krankenhaus herausgemacht. Ich habe danach lange nichts mehr essen dürfen. Zum Schluss bin ich jeden Tag bestrahlt worden, davon sind meine Haare ausgegangen. Aber die wachsen wieder nach!«, beteuerte er mit einem Lachen in der Stimme.

Betroffen saß ich neben Werner. Inzwischen stand die ganze Klasse um uns herum. »Aber wissen Sie, was das Schönste ist? Ich muss nur einmal in der Woche ins Krankenhaus zum Blutabnehmen. Danach darf ich gleich wieder heim. Die anderen Kinder nämlich, die auch so was haben, dürfen nicht heim, und die haben ganz viele Schmerzen. Wenn ich im Krankenhaus bin, besuche ich sie immer und lache mit ihnen, dann geht es ihnen besser.«

Werner schaute mich mit seinen warmen, braunen Augen an und lachte fröhlich. »So, jetzt kann ich wieder klettern und hüpfen!« –

Im Juli ist Werner im Alter von fast elf Jahren an seiner Krankheit gestorben. Während der letzten drei Wochen seines Lebens war er zu schwach, die Schule zu besuchen. Zwei Jahre hat er mit sich gekämpft: »Ihr braucht nicht mehr zu kommen, ich sterbe bald.« Vor dem offenen Kindergrab spürte jeder: Hier gibt es keine Lösung. Hier kann der Mensch nicht mehr weiter. Der Mensch ist nicht Herr der Welt.

Am folgenden Tag habe ich mit den Kindern geredet, sie sagten: »Wenn ich mich an Werner erinnere, dann ist es, wie wenn er daneben stünde ...«

Gertrud Weidinger

24. Hanna und die Sonnenblume

Thema:	Tod – Auferstehung.
Hinführung:	Der Tod ist nur Durchgang in ein neues Leben – sagen die Christen. Wir hören ein Beispiel aus der Natur.
Vorlesedauer:	3 1/2 Minuten

Hanna wohnt in einem Haus, zu dem ein Garten voller Sonnenblumen gehört. Sie liebt ihre gelben Sonnenblumen und mit einer hat sie sogar richtig Freundschaft geschlossen. Jeden Abend besucht sie ihre Blume. Eines Tages, als Hanna zu ihrer Sonnenblume kommt, wird sie ganz traurig, denn die schönen gelben Blütenblätter liegen auf dem Boden. Hanna hat Tränen in den Augen. Da hört sie eine leise Stimme. Sie weiß nicht genau, wo diese Stimme herkommt. Ist es wohl die Sonnenblume, die sie fragt: »Warum bist du traurig, Hanna?«

»Was ist mit meiner wunderschönen Sonnenblume passiert?«, weint Hanna.

»Weine dich erst einmal aus«, sagt die Stimme. »Dann werde ich dir erzählen, was geschehen ist und was noch geschehen wird.«

Langsam wird Hanna ruhiger. Die zarte Stimme sagt: »Der Herbst kommt. Deine Blume wird nun sterben. Sie kehrt zurück in die Mutter Erde, aus der sie gekommen ist.« Hanna schüttelt heftig den Kopf. »Das will ich nicht!« »Es ist aber gut so, Hanna. Alles stirbt im Herbst, alles geht zurück. Die Bäume verlieren ihre Blätter, Gärten und Felder werden leer. Die Erde hält Winterschlaf. Schau einmal in die Mitte deiner Sonnenblume. Was siehst du da?« Hanna berührt ihre Blume. Da sind viele Sonnenblumenkerne. »Was geschieht wohl mit den Samen, die in die Erde fallen?«, fragt die Stimme. Hanna überlegt. Ihre Augen beginnen zu leuchten. »Es wachsen Sonnenblumen daraus!« Und dann erzählt ihr die Stimme von der Mutter Erde, die wie eine kostbare Schatztruhe die Samen in der Zeit des Winters bewahrt. Sie erzählt, dass in jedem Samen unsichtbar schon die fertige Pflanze ist.

Hanna streichelt ihre Blume zum Abschied. Sie hat ein seltsames

Gefühl in sich. Sie ist froh und traurig zugleich. Dann geht sie in ihr Zimmer und bastelt eine kleine Schatztruhe – so wertvoll wie die Mutter Erde. Darin wird sie einige Sonnenblumensamen aufbewahren, die sie im nächsten Jahr säen will. Die anderen lässt sie im Garten für die Vögel.

Abends erzählt Hanna alles ihrem Papa. Die Schatztruhe gefällt ihm gut. »Und weißt du, Hanna«, fragt er, »dass die Vögel die Samen deiner Blume an ganz andere Orte bringen können? Dort wachsen dann Blumen von deiner Blume. In jeder neuen Blume ist ein Stück der Freundschaft und Liebe von dir und deiner Sonnenblume. Und die Liebe kann an vielen Orten neu wachsen.« *Eddu Reschke*

25. Gespräch mit der sehr alten Tante Emmy

Thema: Tod – Auferstehung.

Hinführung: Alte Leute denken mehr an den Tod als junge. Und weil sie lange darüber nachgedacht haben, können sie uns ihre weisen Gedanken verraten.

Vorlesedauer: 4 Minuten

»Hast du manchmal Angst vor dem Sterben, Tante Emmy?«

»Ich habe Angst, alleine zu sterben, und etwas Angst, zu sehr zu leiden. Ich möchte gerne, dass jemand mir die Hand hält, wie du jetzt, bis ich auf die andere Seite gekommen bin. Man soll mich hier sterben lassen, ich bin schon so alt. Ich möchte nicht weggebracht werden, ich möchte nicht ins Krankenhaus, damit mein Leben verlängert wird. Verstehst du das? Ich bin am Ende eines langen, schweren und schönen Lebens. Wenn ich sterben muss, will ich es ohne Apparate tun. Ich bin alt und habe gelebt. Man soll mich einschlafen lassen, hoffentlich ohne Kampf. Helft mir, bleibt bei mir und habt mich lieb. Ich will spüren, dass ihr bei mir seid.« »Gehst du danach zu Gott?« »Ich glaube ja.« »Sofort oder etwas später?« »Ich weiß es nicht. Sicher braucht es Zeit, um von hier fortzugehen. Aber ich glaube an ein Leben nach diesem Leben. Ich werde bei Gott aufgehoben sein. Ich gehe nicht verloren.«

»Glauben das alle Menschen?« »Nein.« »Und was glauben die dann?« »Es gibt viele Vorstellungen. In Indien glaubt man, dass die Seele immer wieder in einem neuen Menschen auf die Erde kommt, um ein besserer Mensch zu werden.« »Und wenn er nicht besser wird?« »Dann muss er es wieder versuchen, immer wieder versuchen. – Die Muslime glauben auch an ein Leben nach dem Tod bei Gott. Viele Menschen wissen nicht, an was sie glauben sollen, für sie ist das Leben mit dem Tod zu Ende. Sie meinen, dass sie vielleicht noch in der Erinnerung der Menschen leben, die sie kannten, danach aber gibt es nichts.«

»Ist das falsch?« »Das finden sie für sich richtig, wie das, was ich glaube, für mich richtig ist.« »Und für mich?« »Du wirst finden, was für dich das Richtige ist.« »Hast du dir das ausgedacht?« »Nein, Christus, der Sohn Gottes, hat es damals den Menschen gesagt. Gott hat niemand gesehen; Christus aber haben die Menschen gesehen, angerührt, umarmt, sie haben mit ihm gegessen und gefeiert.«

»Wie merkst du, dass es Gott gibt?« »An Dingen, die in meinem Leben geschehen sind und immer noch geschehen, am ›Sichtbar Werden Gottes‹« »Wo siehst du das, Tante Emmy?« »Schau dich um: die Sonne, die Nacht, die Blumen, der Regen, die Tiere, Kinder, Menschen überhaupt, Berge, Meer, Wasser, Wind, Bäume, Winter, Sommer, Mond und Schnee. Dass du mit mir sprichst, dass ich manchmal getröstet werde, dass Hilfe kommt, wenn ich es gar nicht erwarte, das Wachsen, das Sterben ...«

»Aber Tante Emmy, es geht doch immer alles kaputt, die Blumen, der Mensch, die Tiere, die Bäume und das Leben überall.« »Aber die Sonne geht jeden Tag wieder auf.« »Aber der Regen kann doch alles kaputtmachen...« »Oder ganz neu. Denk, wie schön es nach einem erschreckenden Gewitter ist. Wie die Dächer glänzen, wie die Bäume leuchten, wie die Straßen ohne Staub sind. Fändest du es gut, wenn die Blumen immer weiterblühten und nicht verwelkten? Du würdest nie mehr einen neuen Strauß pflücken. Aber wenn er verwelkt, denkst du an einen neuen Strauß, der ganz anders aussehen wird. Die Welt ist immer in

Bewegung, Gott sei Dank. Es geht alles weiter, von der Geburt an. Ich war einmal so jung wie du, dann erwachsen, dann älter, alt und jetzt uralt. Jedes Ding, jedes Lebewesen hat seine Zeit.« *Antoinette Becker*

26. Einsam wie Jesus

Thema: Leidensgeschichte.

Hinführung: Wir hören von Kindern, die die Leidensgeschichte Jesu spielen und dabei merken, wie weh es tut, wenn einer allein gelassen wird.

Vorlesedauer: 6 1/2 Minuten

Esther hat jeden Sonntag acht Kinder in ihrer Gruppe im Kindergottesdienst. Die Kinder kommen fast regelmäßig und sie haben richtig Freundschaft mit Esther geschlossen. Esther freut sich auf jeden Sonntag. Dann erzählt sie den Kindern, singt und spielt mit ihnen und manchmal basteln sie auch alle gemeinsam. Zum Beispiel den großen Stern für den Dreikönigsumzug.

Heute hat Esther die Geschichte von der Gefangennahme Jesu erzählt. Sie hat erzählt, wie einsam Jesus war, wie schlimm es ist, wenn man von all seinen Freunden im Stich gelassen wird.

Ob aber überhaupt eines der Kinder diese Einsamkeit begreift? Vielleicht kann man versuchen, in einem Spiel etwas davon begreiflich zu machen. Sie haben in der Gruppe schon oft gespielt. Einmal die Geschichte vom Zöllner Zachäus. Auch das Gleichnis vom barmherzigen Samariter und natürlich die Weihnachtsgeschichte.

Gudrun und Wolfgang sollen die Soldaten sein, die Jesus gefangen nehmen. Detlef ist ein freundlicher Junge, den alle sehr gern haben. Jeder in der Gruppe möchte sein Freund sein. Und Detlef spürt, wie gern ihn die anderen haben. Er ist darüber sehr glücklich und bemüht sich, zu den anderen noch freundlicher zu sein. Detlef soll in diesem Spiel Jesus sein.

Steffen ist Detlefs bester Freund. Er will auch im Spiel den Jünger spielen, den Jesus so lieb gehabt hat, dass es extra in der Bibel vermerkt ist. Steffen spielt den Johannes. Marina spielt den Petrus. Dazu kommen noch ein paar Jünger. Nur den Judas, den will keiner spielen. – Esther erzählt und die Kinder spielen.

Jesus weiß, dass er bald festgenommen werden wird. Er sagt es den Jüngern. Die Jünger versichern ihm, wie lieb sie ihn haben. Aber dann kommen die Soldaten. Sie packen Jesus. Petrus will ihn verteidigen, doch Jesus wehrt ab. Er lässt sich fesseln und abführen. Die Soldaten bringen ihn zu einer Ecke des Gruppenraumes. Dort lassen sie ihn stehen. Esther erzählt: »Jetzt sind die Freunde Jesu ohne ihn. Sie kommen zusammen. Sie sprechen miteinander. Sie trösten sich.«

Marina und Steffen, Volker und Claudia rücken ganz eng zusammen. Sie setzen sich auf den Boden und nehmen auch noch Markus bei sich auf. Sie legen die Arme umeinander. Sie sitzen ganz eng aneinander gedrückt im Kreis. Auch die beiden Soldaten haben sich nebeneinander auf zwei Stühle gesetzt. Nur Detlef steht in seiner Ecke ganz allein. Und Esther erzählt weiter: »So allein war Jesus. Seine besten Freunde waren nicht da. So allein, wie Detlef jetzt ist. Ohne euch alle. Auch ohne seinen besten Freund, den Steffen.«

Detlef sieht mit ängstlichen Augen zu den anderen hinüber. Er sieht die anderen, mit denen er sich so gut versteht, ganz dicht beieinander sitzen. Da spürt er plötzlich, dass er jetzt nicht mehr zu ihnen gehört, dass er ein Außenseiter geworden ist. Es friert ihn richtig. Ganz von innen heraus beginnt es wehzutun. So weh, dass Detlef sich umwenden muss. Er presst seinen Kopf an die Wand und beginnt lautlos zu weinen.

Esther hat nicht bemerkt, was mit Detlef geschehen ist. Sie hat auf die anderen Spieler geschaut, hat sie aufgefordert, noch dichter zusammenzurücken.

»Ja, so einsam wie Detlef jetzt ist, wird damals Jesus gewesen sein«, sagt sie und freut sich, wie gut Detlef seine Rolle spielt.

»Jetzt setzen wir uns wieder auf unsere Plätze«, meint sie. Als aber dann alle anderen sitzen, steht Detlef noch immer in seiner Ecke.

»Komm, Detlef, setz dich auch!«, sagt Esther freundlich. Aber Detlef bleibt stehen. Da geht Esther zu ihm und will ihn abholen. Als sie aber Detlef am Arm nehmen will, bemerkt sie, dass er sich versteift, dass er versucht, sie abzuwehren. Sie legt ihren Arm um seine Schulter, versucht, ihn herumzudrehen und blickt plötzlich in sein tränenüberströmtes Gesicht. Esther erschrickt so sehr, dass sie wie erstarrt neben ihm stehen bleibt.

»Was ist denn los?«, fragt sie. Da muss Detlef noch mehr weinen. »Detlef!«, flüstert Esther und drückt den Jungen an sich. Die anderen Kinder kommen langsam und scheu hinzu.

»Detlef, was hast du?«, fragt Claudia. Detlef sucht nach dem Taschentuch in seiner Hosentasche. Dann wischt er sich die Tränen vom Gesicht. Jetzt ist Steffen bei ihm. Ganz nahe ist er bei Detlef.

»Tut dir was weh?«, fragt Esther ängstlich. Detlef schüttelt den Kopf. Er kann nicht sprechen.

»Ist es wegen des Spiels?«, fragt Esther. Da nickt Detlef.

Steffen drückt sich ganz fest an seinen Freund. Er mag Detlef sehr, aber gedrückt hat er ihn noch nie. Das ist sonst unter Jungen nicht üblich. Aber darum kümmert sich Steffen jetzt nicht. Er denkt nicht einmal daran. Er spürt nur, wie sehr Detlef ihn jetzt braucht.

Jetzt drücken sich auch die anderen an Detlef. Dicht aneinander gedrängt gehen sie zu ihren Plätzen zurück. Sie nehmen Detlef in ihre Mitte. Detlef atmet tief. Dann sagt er: »Es war so schlimm. Ihr habt ganz dicht zusammengesessen. Und ich stand ganz allein. Ganz allein in der Ecke.«

»Bist du mir böse?«, fragt Esther. »Ich wollte doch nicht ...«

Detlef schüttelt den Kopf. Es gelingt ihm sogar, Esther zuzulächeln. »So etwas möchte ich nie wieder spielen!«, sagt er dann. »Nie wieder!«

Rolf Krenzer

II. Das Fest der Feste: Ostern

Der Gipfel ist erreicht: Die Auferstehungssonne leuchtet nicht nur uns ins Gesicht. Der Tod hat nicht das letzte Wort. Von der Auferstehung Jesu her brauchen wir nie hoffnungslos traurig zu sein.

Hinweis: In diesem Alter sollten Sie keine persönliche Zweifel einbringen. Zunächst brauchen die Kinder ein klares Bekenntnis zur Auferstehung. Den Glauben daran müssen sie sich später selbst erkämpfen – bei *der* Umwelt!

1. Jesus ist auferstanden

Thema:	Tod und Auferstehung Jesu
Hinführung:	Wir durften über Ostern Ferien machen. Warum zwei arbeitsfreie Festtage waren, wissen manche gar nicht so recht zu deuten. Ein Mädchen verrät es uns.
Vorlesedauer:	3 Minuten

Tina, die jetzt ins 1. Schuljahr geht, erzählt gerne vom ersten Tag nach den Osterferien im Kindergarten: Da brachte Frau N.N. (jetzt die Bezugsperson nennen: Gruppenleiterin, Pastoralassistent, Vikar etc.) eine riesige Kerze mit. Die war viel höher als die Größten aus unserer Gruppe. Sie hatte die Kerze aus der Kirche: die Osterkerze. (Anmerkung: Ich nehme immer die aus dem Vorjahr mit, weil die neue sehr, sehr lang ist.) Sie zeigte uns die roten Dornen, die im weißen Wachs der Kerze steckten. Sie sagte: »Jesus hatte Freunde und Feinde. Und die Feinde haben sich durchgesetzt und ihn getötet. Seht mal: der Dorn hier oben erinnert an die Krone aus Dornen, die beiden rechts und links an die Nägel, die durch die Hände geschlagen wurden, der Dorn ganz unten an den Nagel (die Nägel) durch die Füße und dann der in der Mitte hier: Da ging der Speer durch das Herz Jesu. Er war tot.«

Dann legte sie die Kerze lang auf den Boden und breitete ein großes schwarzes Tuch darüber aus. Sie erzählte weiter: »Die Freunde von Jesus, seine Schüler und seine Mutter Maria haben ihn in ein Grab gelegt und waren sehr traurig. Sie dachten, jetzt ist alles aus. Dabei hofften wir doch so sehr, dass uns Jesus befreien würde.

Am Ostermorgen gingen dann drei Frauen mit einer Salbe zum Grab. Sie wollten damit den toten Leib Jesu noch eincremen. Aber als sie näher kamen, sahen sie, dass das Grab offen war. Und da saß ein Engel, ein Bote Gottes, der zu ihnen sagte: ›Ihr kommt sicher, um Jesus zu suchen. Aber der ist nicht mehr hier. Er lebt. Geht zu seinen Jüngern und sagt es ihnen: Jesus lebt. Halleluja!‹

In der Osternacht, in der ganz dunklen Kirche, hat der Pastor diese Kerze hochgehoben, sie angezündet und gesungen: ›Jesus, das Licht!‹ Darum zünde ich jetzt auch diese Kerze an.« Frau N.N. hat das dunkle Tuch von der Kerze genommen, sie aufgerichtet und angezündet und dann gesungen: »Jesus, das Licht!« Und sie erzählte weiter: Alle in der Kirche haben geantwortet und da könnt ihr jetzt auch mitsingen: ›Dank sei Gott!‹ Dann haben die Ministranten das Licht von der Osterkerze genommen und es zu allen Leuten in der Kirche gebracht. Die haben mit ihren kleinen Osterkerzen das Licht angenommen und gesungen: ›Halle, halleluja, wir werden auferstehn!‹« (»Troubadour«, Refrain vom Lied 1085)

Frau N.N. ging dann mit der brennenden Kerze rund und wir durften die Osterkerze berühren. Manchmal war darauf auch ein Osterlämmchen zu sehen, das haben wir dann gestreichelt. Und wir haben immer wieder gesungen: »Halle, halleluja. Wir werden auferstehn!«

2. Neues Leben

Thema:	Tod und Auferstehung Jesu.
Hinführung:	Draußen blühen jetzt wieder viele Blumen. Da, wo die Erde wie tot dalag, regt es sich jetzt und sprießt wieder neu und blüht. Ostern ist ein Fest des Frühlings, das noch auf ein ganz anderes neues Leben hinweist.
Vorlesedauer:	2 Minuten

Tina, die jetzt ins 1. Schuljahr geht, erzählt gerne von dem, was sie im Kindergarten erlebt hat:

Nach den Osterferien brachte Frau N.N. (jetzt Bezugsperson nennen: die Leiterin des Kindergartens, den Kaplan oder die Seelsorgekraft) manchmal einen kleinen Zweig von einem Apfel- oder Kirschbaum mit. Der sah wie tot aus. Wir betrachteten ihn genau. Dann sagte sie: »Wenn ich euch jetzt verrate: ›Aus diesem Zweig können Knospen wachsen, Blüten, ja rote Kirschen oder pausbäckige Äpfel‹, ihr würdet vermuten: ›unmöglich!‹

Vielleicht würdet ihr mich sogar auslachen und sagen: ›Tot ist tot‹ So behaupten es ja viele Leute. Aber ihr habt es schon draußen erlebt, dass es anders ist.« Sie stand dann auf, ging in eine Ecke des Kindergartens und holte einen blühenden Zweig, den sie dort versteckt hatte: Er war über und über mit Blüten bedeckt. Wir staunten immer wieder aufs Neue, obwohl wir es ja schon gesehen hatten: Aus einem scheinbar toten Zweig wächst neues Leben!

Dann steckte sie den blühenden Zweig hinter unser Kindergartenkreuz und sagte: »So ähnlich war das auch mit Jesus. Maria, die Jünger und alle glaubten: Jesus ist tot. Aber der Vater hat ihn zu neuem Leben auferweckt. Das hat Jesus auch uns versprochen und darum dürfen wir singen: ›Halle, halleluja, wir werden auferstehn‹ (»Troubadour«, Refrain vom Lied 1085).«

3. Scheinbar tot und doch lebendig: Das Ei.

Thema:	Frühling – Auferstehung.
Hinführung:	Zu Ostern liegen überall bunt bemalte Ostereier in den Nestern. Was haben die mit Ostern und mit Jesus zu tun?
Vorlesedauer:	5 Minuten

Es gab einmal eine Zeit, in der die Menschen noch in Höhlen oder in einfachen Hütten aus Lehm und Zweigen wohnten. Sie sammelten Beeren und Früchte oder jagten Wild, um ihren Hunger zu stillen. Ihre Kleidung bestand hauptsächlich aus Tierfellen. In dieser Zeit lebte auch der kleine Inok.

Der Winter war fast vorbei. Der Schnee schmolz und die Tage wurden wieder heller, aber es war noch kalt. Der Fleischvorrat war aufgebraucht, deshalb musste Inoks Vater sich aufmachen, um jagen zu gehen. In diesem Jahr durfte der kleine Inok zum ersten Mal mit auf die Jagd. Sie mussten sehr weit wandern und kamen schließlich in eine Gegend, in der selbst Inoks Vater noch nie vorher gewesen war. Aber hier gab es endlich genug Wild. Für Inok war alles neu. Er bestaunte die fremde Umgebung, ja hier gab es Tiere, die er überhaupt nicht kannte.

An einem See, umgeben von dichtem Gras, lag am Boden ein seltsamer Stein. Er war ganz glatt und rund und er schimmerte grün und braun. Inok hob den Stein auf und steckte ihn in seinen Fellbeutel. Dann zogen sie endlich heimwärts. Zu Hause angekommen, zeigte Inok den Stein seiner Mutter. »Es muss wohl ein besonderer Stein sein«, sagte sie, »denn ihr seid wohl behalten wieder hier und Vater hat gute Beute gemacht.«

Inok trug den Stein nun immer bei sich ganz nah an seinem Körper.

Den Menschen ging es in diesen Tagen nicht so besonders gut. Sie wollten endlich wieder die Wärme der Sonne spüren und frische Kräuter und Früchte essen. Manche waren schon ganz schwach, besonders für die Kinder war der kalte Winter sehr hart und gefährlich. Eines Tages nun passierte etwas Merkwürdiges. Inoks Vater hatte wieder einmal über den Stein gelacht, den Inok hütete wie einen Schatz. Da hörte man plötzlich merkwürdige Geräusche aus dem Stein – ein Knacken und ein Schaben. Inok legte den Stein auf den Boden und er wackelte plötzlich hin und her. Verwundert schauten sich die Eltern an. Wie kann sich ein Stein bewegen? Plötzlich hatte der Stein Risse und ein kleines Loch war zu sehen. Sollte es etwa ein Ei sein? Aber so ein großes und sonderbares Ei hatten sie ja noch nie gesehen! Sie kannten doch nur die ganz kleinen, weißen Vogeleier, die die Vögel in die Nester der Bäume legen. Doch dieses hier war groß und grün.

Man wartete nun gebannt auf das, was da geschehen mag. Und wirklich, nach einiger Zeit schlüpfte aus dem Stein – nein, aus dem Ei – ein wunderschönes, flauschiges Küken. Und als die Sonne in die Hütte hineinschien, stellte sich das Küken auf seine kurzen Beinchen und streckte seine kleinen Flügel der Sonne entgegen. – Je größer der kleine Vogel wurde, desto mehr erwachte auch die Natur. Es blühte und grünte und den Menschen ging es wieder so richtig gut.

Seither war für Inoks Familie und die anderen Menschen im Dorf das Ei ein Symbol für das Leben geworden. Aus etwas scheinbar Totem kommt Leben in einer Zeit, wenn aus der grauen, starren Natur ebenfalls neues Leben wächst und sprießt. Wenn die Sonne die Wärme und das Licht zurückbringt und die Menschen aus ihren Hütten und Höhlen herauskommen, um zu feiern und zu lachen.

Ostern feiern wir im Frühling. Da können wir endlich auch wieder draußen spielen. An Ostern gibt es auch einen schönen Brauch. Wir bemalen Eier, verstecken sie oder hängen sie an Zweige. Eier waren früher schon Glücksbringer gewesen und Zeichen des Lebens und der Fruchtbarkeit. Und gerade jetzt im Frühling schlüpfen aus vielen Vogeleiern kleine Vögel. Und so wie das Küken die starre Eischale durchbricht, so durchbricht auch Jesus das Grab und erwacht zu neuem Leben. Früher färbte man die Eier zu Ostern hauptsächlich rot als Zeichen dafür, dass Jesus am Kreuz gestorben ist, aber auch als Zeichen für die Liebe, die Jesus an die Menschen weitergab. *Monika Endres*

4. Gespräch mit einem Küken im Ei

Thema: Auferstehung.
Hinführung: Ich erzähle euch von einem Gespräch. Dann könnt ihr anschließend verstehen, warum wir an Ostern die Eier mit bunter Farbe bemalen.
Vorlesedauer: 4 Minuten

Einmal machte Ralf mit seinen Eltern um Ostern Ferien auf einem Bauernhof. Der Sohn des Bauern, Max, war ungefähr gleich alt. Eines Tages flüsterte er: »Komm, Ralf, ich zeig dir was!« Er ging mit ihm in eine Scheune. Da stand ein kleines Drahtgehege, in dem eine Henne saß. Die lag da breitgeplustert und schaute sie an. »Weißt du, was unter ihr ist?«, fragte Max. Ralf schüttelte den Kopf. »Da liegen ungefähr ein Dutzend Eier. Die Henne brütet sie aus. Übermorgen müssten die ersten Küken ausschlüpfen!« »Darf ich mal sehen?«, fragte Ralf. Die Henne rückte nur ungern etwas zur Seite. Richtig, da lagen ganz viele Eier. »Darf ich mal eins meinen Eltern zeigen?« »Warum nicht«, sagte Max, »aber nicht zu lange, denn sonst wird's dem Küken darin zu kalt.« Vorsichtig trug Ralf das warme Ei zu Vater und Mutter. »Darfst du das denn?«, war die erste Frage der Eltern. Aber als sie den beruhigenden Blick von Max sahen, waren sie zufrieden. Ralf meinte: »Ob das Küken uns schon hören kann?« »Das glaub ich schon«, lachte der Vater, »aber du musst lauter sprechen, denn zwischen dir und dem Küken ist ja die dicke Mauer der Eischale. Wenn du willst, spiele ich das Küken. Was möchtest du ihm denn sagen?« Ralf schaute erst verwundert, dann begann er: »He, Küken«, sagte er sehr laut, »wie gefällt es dir in deiner engen Wohnung?« »Gut«, rief der Vater, »ausgezeichnet. Hier fühle ich mich richtig geborgen. Hier ist es warm. Hier will ich bleiben!« »Aber du hast doch bald keine Luft mehr da drinnen, wenn du immer größer wirst?« »Da hast du Recht«, antwortete das Küken, – hm der Vater. »Aber wie kommst du denn da raus? Die Eierschalen sind doch stark.« »Ich hab' da ein Werkzeug, direkt über meinem Schnäbelchen, den ›Eizahn‹, der wirkt wie eine Säge; mit dem breche ich die Schale auf und dann picke ich mich mit dem Schnäbelchen langsam in die Freiheit. Das ist ein mächtiges Stück Arbeit!« »Ja«, bestätigte Max, »das bedeutet oft länger als eine Stunde Schwerstarbeit.«

»So war das auch mit dir, Ralf«, unterbricht die Mutter, »als du noch in meinem Bauch warst, fühltest du dich geborgen und sicher. Wenn es nach dir gegangen wäre, wärest du nie herausgekommen; denn das war Schwerstarbeit, durch den engen Geburtskanal zu kommen. Und du hast laut geschrieen, als du hindurch warst.«

»Wir müssen jetzt das Ei wieder zurückbringen, sonst wird es dem Küken da drin zu kalt«, mahnte jetzt Max. Sie waren schon in der Tür, als die Mutter noch zum Vater sagte: »Übrigens, am Ende des Lebens ist es ähnlich. Wir wissen nicht genau, was kommt, und lieben und halten fest, was wir haben. Keiner möchte gerne sterben. Obwohl Jesus gesagt hat: ›Geht durch die enge Tür. Auf der anderen Seite des Lebens ist es viel schöner. Da feiern wir ein Fest ohne Ende.‹«

5. Die Raupe – zu Grossem berufen

Thema: Auferstehung.

Hinführung: Viele Kinder auf dieser Erde müssen schon früh sterben: vor Hunger, im Krieg, wegen einer Krankheit. Oft malen diese Kinder wunderbare Schmetterlinge. Kinder in aller Welt. Als wenn ihnen einer etwas zugeflüstert hätte. Wir hören einmal, was da so geheimnisvoll sein kann.

Vorlesedauer: 2 $^1/_2$ Minuten

Eine kleine Raupe bewegte sich mühsam über einen staubigen Weg. Sie konnte kaum noch atmen, kaum noch etwas sehen: So viel Staub! Aber sie hoffte immer noch, grüne Blätter zu finden. Und so kroch sie weiter. Hab Geduld, kleine Raupe, noch wachsen genügend Blätter für dich! Vorsicht! Ein kleines Mädchen kommt gelaufen. Hoffentlich zertritt sie mich nicht, denkt die Raupe. Ich spüre so viel Großes in mir. Ich will leben!

Das kleine Mädchen bleibt stehen und schaut der Raupe zu. Es hält seinen Finger hin. Kaum ist die Raupe an ihm hochgekrochen, geht das Mädchen vorsichtig zum nächsten Strauch. »Hier, kleine Raupe, kannst du dich satt fressen!«

Und wie die Raupe frisst! Sie wird dicker und größer.

Vorsicht! Ein Vogel sucht Nahrung für seine Jungen. Da kommt ihm die große Raupe gerade recht. »Lass mich leben, Vogel!«, denkt die Raupe. »Ich spüre so viel Großes in mir!« Und – der Vogel fliegt weiter. Die Raupe frisst und frisst. Sie ist dick und fett geworden. Eines Tages ist die Raupe satt. »Ob aus mir etwas Großes werden kann?«, fragt sie sich nachdenklich. »Ob die Stimme in mir Recht hatte? Mein Kleid zerreißt fast, weil ich so dick bin. Ich weiß nicht ...«

Sie kriecht in die Höhle einer Baumrinde und hält sich fest. Langsam wird ihr Kleid so dunkel und starr wie die Baumrinde. Ob sie gestorben ist? Hab Geduld, alte Raupe! Die Stimme in dir hatte Recht: Etwas Großes wird aus dir! Alle werden staunen, wenn sie dich sehen! Du brauchst nicht mehr zu kriechen: Du kannst fliegen! Du brauchst dich nicht mehr mit Blättern zu begnügen. Du kannst Nektar schlecken! Du bist nicht mehr hässlich: Alle staunen über deine Schönheit!

Und richtig: Aus der dicken, grauen, abgestorbenen Puppe schlüpft ein bunter, zarter, zauberhaft schöner Schmetterling!

(Jetzt weiterführen: Aus dem dunklen Grab trat Jesus auch in ein zauberhaftes neues Leben.)

6. Eine Taufe im Symbol des Fisches »Swimmy«

Thema: Neues Leben an der Hand Jesu.

Hinführung: Nicht mehr alle Kinder im Kindergarten sind getauft. Taufe heißt: Wenn etwas Wasser über deinen Kopf gegossen und gesagt wird: »Ich taufe dich im Namen des Vaters und des Sohnes und des Heiligen Geistes«, dann gehörst du ganz zu Jesus: Er nimmt dich an die Hand und bleibt als guter Freund immer (unsichtbar) an deiner Seite. – Wir hören, wie einmal ein Kind im Kindergarten getauft wurde.

Vorlesedauer: 2 1/2 Minuten

Tina, die jetzt ins 1. Schuljahr geht, erzählt einmal, wie im Kindergarten ein Kind getauft wurde: Das weiß ich noch so genau, als wenn es gestern passiert wäre. Wir bekamen alle einen bunten Fisch in die Hand und sollten den in die Umrisse eines großen Fisches legen. Nur Rebecca, die getauft wurde, hielt ihren Fisch noch fest. Dann legte Frau N.N. einen kleinen schwarzen Fisch dorthin, wo ungefähr das Auge des großen Fisches sein musste. Mir fiel natürlich sofort die Geschichte von Swimmy ein, dessen Fischschwarm mit einem einzigen Maulaufreißen eines Räuberfisches verschlungen worden war. Nur Swimmy entkam, weil er der schnellste war und hat dann lange überlegt:

Er suchte sich einen neuen Schwarm roter Fischlein, die auch Angst vor den großen Fischen hatten und machte ihnen einen Vorschlag. Sie waren sofort begeistert und nahmen den Umriss eines riesigen Fisches an, damit die Großen Reißaus nehmen sollten. Swimmy war das wachsame Auge des Riesenfisches, der immer die Anweisungen gab. Und richtig: Gemeinsam waren sie ganz stark. Niemand bedrohte sie mehr.

(Nach einer Geschichte von Leo Leonni)

Dann legte Frau N.N. auf Swimmy ein kleines Kreuz und sagte: »Jesus hat so ähnlich gedacht: Wenn alle zusammenhalten, die sich auf meinen Namen taufen lassen, dann sind wir unschlagbar.« Als der Priester Rebecca getauft hatte, nahm sie ihren Fisch und legte ihn zu unseren. Und wir haben ihr gratuliert und sie umarmt, denn jetzt war noch ein Freund Jesu hinzugekommen!

7. Das Märchen vom Veilchen am Nordpol

Thema: Neues Leben – Frühling – Auferstehung.

Hinführung: Die Schneeglöckchen sind mit die ersten Blumen, die bei uns das Frühjahr einläuten. Oder die Veilchen. Aber eine(r) muss den Anfang wagen, damit Neues entstehen kann.

Vorlesedauer: 1 Minute

Alle sind erstaunt: Ein Veilchen, das vor Frost zittert, durchdringt mutig mit seinem süßen Duft die eisige Luft, die es umweht. In der Nacht erbebt darum der ganze Pol und das ewige Eis erzittert und bricht an manchen Stellen wie Glas. Und das Veilchen duftet, als wolle es die unendliche Eiswüste auftauen. Als es schließlich an Überanstrengung stirbt, denkt es: »Es musste doch irgendjemand mit Duften anfangen! Eines Tages werden Millionen Veilchen hier blühen: Das Eis wird auftauen. Es wird hier Inseln geben und Häuser und Kinder ...«

Inhaltsangabe nach einer Geschichte von Leo Leonni

Es gibt noch viel Eis in der Welt. Dazu gehören auch Hunger, Krankheit und Tod. Eine(r) muss den Anfang machen: Viele kleine Leute, an vielen kleinen Orten, die viele kleine Schritte tun, können das Gesicht der Welt verändern. – So war Jesus der Erste, der das Eis des Todes überwunden hat.

8. Halleluja

Thema: Der österliche Jubelruf »Halleluja«.

Hinführung: Es gibt ein Fremdwort, das kennt jede(r). Das umschreibt den Jubel, der laut wird, weil Jesus an Ostern auferstanden ist. Dazu hören wir eine lustige Begebenheit:

Vorlesedauer: 4 1/2 Minuten

Hannas Mutter singt im Kirchenchor mit. Manchmal übt sie ihre Lieder auch zu Hause. Hanna hört andächtig zu. Sie kann die Worte nicht verstehen, aber es klingt so schön, wenn die Mutter singt. Ein Wort singt die Mutter immer wieder. Es kommt in vielen Liedern vor: Es heißt Halleluja. »Was heißt Halleluja?«, fragt Hanna.

»Es heißt: Lieber Gott, ich liebe dich und lobe dich und ehre dich«, sagt die Mutter. »Deshalb kommt es so oft vor!« »Wissen denn auch die Leute, die euch zuhören, was es heißt?«, fragt Hanna. »Natürlich«, sagt die Mutter. »Das wissen nicht nur die Leute in unserem Land. Das wissen auch die Leute, die in Frankreich und England und Italien und Spanien und Russland und Amerika und in vielen anderen Ländern leben. Sie singen und sprechen es. Wenn sie den lieben Gott loben und ehren wollen.« »Halleluja«, sagt Hanna. »Halleluja«, singt sie. »Ein schönes Wort«, meint sie.

Ein paar Tage später kommt Besuch aus Amerika. Hanna und Vater und Mutter fahren auf den Flughafen, um Tante Milly und Onkel Jeff abzuholen. Sie müssen lange warten. Das Flugzeug hat sich verspätet. Hanna hat viel Zeit, sich umzuschauen. Was für ein Trubel! So viele Leute gehen in der Halle hin und her, steigen Treppen hinauf und hinunter, warten an den Schaltern, sitzen und stehen herum. Hanna schaut die Leute an. Manche sehen merkwürdig aus. Sie haben braune Gesichter oder schiefe Augen oder ganz krauses Haar. Manche Leute haben komische Kleider an und seltsame Mützen und Hüte auf. Hanna hört ihnen zu. Aber viele von ihnen sprechen so, dass Hanna sie nicht verstehen kann. Sie sprechen fremde Sprachen.

Aber *Halleluja* verstehen sie, denkt Hanna. Sie schaut eine junge Frau an, die langes schwarzes Haar und eine braune Haut hat. »Halleluja«, sagt Hanna erwartungsvoll zu ihr. Die junge Frau lächelt ihr zu und antwortet: »Halleluja.« Da freut sich Hanna und geht weiter. Zwei Männer sitzen auf einer Bank und reden miteinander in einer fremden Sprache. Die Männer haben krauses Haar und Schnurrbärte und weiße Anzüge. »Halleluja!«, sagt Hanna laut. Die beiden Männer hören auf zu reden. Sie lachen. Sie nicken Hanna zu und sagen: »Halleluja!«

Hanna strahlt. Sie denkt: Wenn ich *Halleluja* sage, verstehen sie mich. Es ist wie ein Zauberwort.

»Halleluja, Halleluja!«, ruft sie allen zu. Sie läuft durch die Halle und jubelt: »Halleluja, Halleluja!« »Pst, Hanna«, mahnt die Mutter.

Aber die Leute freuen sich. Viele drehen sich nach Hanna um, lächeln und nicken und winken ihr zu, und manche rufen »Halleluja!« zurück. Ein dicker Mann fängt sogar an zu singen. Er singt auch so wie die Mutter im Kirchenchor. Er singt dreimal »Halleluja«, dann fängt er an zu lachen und schenkt Hanna ein Stück Schokolade. Hanna staunt. Wie freundlich die Leute von diesem Wort werden!

Später, als Tante Milly und Onkel Jeff schon angekommen sind und mit Vater und Mutter und Hanna durch die Halle zum Ausgang gehen, winkt eine Frau und ruft: »Halleluja!«

»Sie meint sicher dich«, sagt der Vater zu Hanna.

»Halleluja!«, ruft ihr Hanna zu und winkt zurück.

Tante Milly und Onkel Jeff wundern sich. »Ist das ein Gruß?«, fragen sie.

»Es ist Hannas Gruß«, erklärt die Mutter. »Wirklich ein schöner Gruß, viel schöner als ›*Guten Tag*‹ oder ›*Auf Wiedersehen*‹. Versuch doch mal, Hanna, ob du den Menschen deinen neuen Gruß angewöhnen kannst.« »Ja«, sagt Hanna ernst, »ich will's versuchen.«

Gudrun Pausewang

9. Die Auferstehungsblume

Thema:	Auferstehung.
Hinführung:	Es gibt Wunder in der Natur, über die kann man nur staunen. – Ein Mädchen erzählt uns, was sie im Kindergarten erlebt hat.
Vorlesedauer:	2 Minuten

Tina, die jetzt ins 1. Schuljahr geht, erinnert sich gerne an den Kindergarten. Sie erzählt ihrem Opa an Ostern: Einmal hat Frau N.N. (jetzt die Bezugsperson nennen: Gruppenleiterin, Pfarrer) ein kleines Knäuel mitgebracht. Aber das war nicht aus Garn oder Wolle, sondern eine richtige Pflanze: Sie sah tot aus, vertrocknet, in sich gekrümmt. Sie zeigte uns das Knäuel und sagte: »Diese Pflanze lebt in der Wüste. Der Wind rollt sie vor sich her. Sie kann unendlich lange ohne Wasser leben. (In Pharaonengräbern 4000 Jahre lang!) Aber sie ist nicht tot. Ihr glaubt es nicht, weil sie sich ja vertrocknet anfühlt. Wenn sie aber mit Wasser in Berührung kommt, dann beginnt sie wieder zu leben.«

Dann hat sie das Knäuel in eine Glasschale gelegt und aus der Thermoskanne heißes Wasser darüber gegossen. Während wir jetzt guckten, hat sie uns von Jesus erzählt, der auch tot war und doch nicht tot, denn am dritten Tag danach zeigte er sich wieder seinen Jüngern. Die konnten das gar nicht glauben, haben ihn betastet und mit ihm gegessen – bis ihnen die Augen aufgingen: Dieser Jesus lebt ja. Jetzt fängt alles erst richtig an.

Währenddessen hat sich das braune Knäuel schon bewegt. Es öffnet sich langsam und wird innen grün. Die Blume lebt. Sie ist nicht tot. Wirklich. Und Frau N.N. hat dazu gesagt: »Deshalb nennen viele diese Blume ›Auferstehungsblume‹, weil sie lebt – wie Jesus, der tot schien.«

(Sie erhalten diese Blume, auch »Rose von Jericho« genannt, in jeder größeren Blumenhandlung für einen geringen Preis.)

Hinweis: Um dem Geheimnis von Ostern näher zu kommen, brauchen wir ein »drittes« Auge: Zwei sehen die Wirklichkeit, das dritte sieht tiefer; sieht mit dem Herzen oder mit den Augen des Glaubens. Wer einen Harry Potter-Film gesehen hat, kann das besser verstehen: Mit zwei Augen laufen wir gegen eine Mauer zwischen Bahnsteig 9 und 10. Mit dem dritten Auge gehen wir durch die Mauer und stehen plötzlich auf dem Bahnsteig 9 3/4.

Mit dem Auge des Glaubens sehe ich weiter als bis zur Mauer des Todes; ich stehe plötzlich in einem Tor, das auch mich in ein neues Leben führt, das unvorstellbar schön ist.

1. Was haben Ei und Hase mit Ostern zu tun?

Thema:	Brauchtum an Ostern.
Hinführung:	Überall bunte Eier und Osterhasen in allen Variationen. Frage ich aber jemanden: »Entschuldigung. Was hat das mit Ostern und der Auferstehung Jesu zu tun?«, ernte ich Schweigen. Was haben Eier und Osterhasen nun damit zu tun?
Vorlesedauer:	4 Minuten

»Heute war die Predigt interessant!« Klaus und Monika stürmen ins Haus. »Wenn die Eltern gleich aus der 11-Uhr-Messe kommen, werden wir sie festnageln!«

»Mutter, was hat eigentlich das Osterei mit der Auferstehung Jesu zu tun?«

»Vater, du sagst, was der Osterhase mit Ostern zu tun hat!«

»Dass die Eier bunt bemalt werden, hat doch sicherlich auch eine Bedeutung!«

Klaus und Monika schauen schelmisch auf die Eltern.

»Da muss ich passen. Wohl vergessen.«

Klaus schüttelt den Kopf: »Jedes Jahr macht es alle Welt – und kaum einer weiß, warum!«

»Na, vor zwei Stunden wusstest du es auch noch nicht«, holt Monika ihn wieder auf die Erde.

»Nun schießt endlich los. Was bedeutet denn das alles?«

Zuerst ist Klaus dran: »Der Kaplan hatte alles vorne aufgebaut: Bunte Eier, einen Osterhasen und ein gebackenes Osterlämmchen, in dem ein Fähnchen steckte. In manchen Ländern ist der Hase ein Bild für neues Leben, weil er sich so stark vermehrt. Denn schon nach zwei Monaten ist ein Hase wieder geschlechtsreif. Die können richtig zur Landplage werden: Vier Häschen als erster Wurf. Nach zwei Monaten wieder je vier Hasen und nach zwei Monaten von jedem wieder je vier Hasen... Eine richtige Rechenaufgabe. Jedenfalls: Der Hase ist ein Zeichen für neues Leben. Und Jesus hat durch seine Auferstehung auch neues Leben gebracht!«

»Das mit den Eiern erkläre ich«, meldet sich Monika. »Mit dem Ei ist das genauso: In vielen Völkern ist das Ei ein Zeichen für neues Leben. Weil man ja immer wieder staunen kann, wenn plötzlich aus einer tot aussehenden Schale ein quicklebendiges Küken herausspringt. Und das Buntfärben der Eier ist ein Zeichen der Freude.«

Zum Schluss sagt Klaus: »In unserem Land sind dann diese beiden Zeichen für neues Leben zusammengekommen. Daraus haben die Leute dann einfach einen Eier legenden Hasen gemacht!«

»Was war denn mit dem Lämmchen?«, will die Mutter wissen. »Das hat doch sicher was mit dem Lamm zu tun, das die Israeliten damals geschlachtet haben, bevor sie Ägypten verlassen durften.«

»Richtig, Mutter«, unterbricht Monika, »die schlimmste Plage, dass nämlich jeder Erstgeborene am nächsten Morgen tot im Bett lag, konnte das Volk Israel bei sich verhindern, wenn es die Türpfosten mit dem Blut eines Lammes bestrich. Dieses Fest wurde später jedes Jahr neu gefeiert, das ›Pascha-Fest‹(sprich: Pas-cha). Und das ist unser Osterfest, denn Jesus hat dann als das neue Lamm am Kreuz sein Blut vergossen, um uns zu retten.«

»Und die Siegesfahne?«

»Jesus ist auferstanden. Er hat den Tod besiegt!«, weiß Monika.

»Am Ende der Messe hat noch jeder ein Ei geschenkt bekommen. Die Messdienerinnen und Messdiener hatten sie gesammelt und bunt gefärbt«, sprudelt Klaus heraus und Monika meint: »Ach, wäre es doch oft so interessant in der Kirche wie heute!«

2. Aus dem Tod ersteht Leben

Thema: Auferstehung.
Hinführung: Wer die Natur genau beobachtet, ist nicht überrascht, dass es in Jesus neues Leben gibt, obwohl er tot schien.
Vorlesedauer: $2^1/_2$ Minuten

Der berühmte Filmproduzent Cecil B. de Mille liebte es, sich in die Einsamkeit zurückzuziehen, wenn er ein Problem zu überdenken hatte. Eines Tages fuhr er in einem Boot auf einen See im Staate Maine hinaus und ließ sich ziellos dahintreiben, während er sein Problem überdachte.

Das Boot trieb an Land und legte an einer Stelle an, wo das Wasser nur wenige Zentimeter tief war. De Mille schaute hinab und sah, dass der Grund mit Wasserkäfern übersät war. Einer von ihnen kam an die Oberfläche und kroch langsam an der Seitenwand des Bootes hoch. Als er den Bootsrand erreicht hatte, starb er.

De Milles Gedanken kehrten zu seinem Problem zurück. Nach einer Weile blickte er zufällig wieder auf den Käfer. In der heißen Sonne war sein Panzer brüchig geworden. Plötzlich sprang der Panzer auf und langsam kam eine Libelle zum Vorschein. Sie erhob sich in die Luft und ihre Farben funkelten im Sommerlicht.

Diese beflügelte Kreatur flog in einem Augenblick weiter, als der Käfer in Tagen hätte kriechen können. Die Libelle wandte sich wieder der Wasseroberfläche zu; de Mille sah ihren Schatten auf dem Wasser. Sehr wahrscheinlich sahen die Wasserkäfer in der Tiefe die Libelle auch, aber jetzt lebte ihr einstiger Gefährte in einer Welt, die ihr Begriffsvermögen überstieg. Sie lebten immer noch ihre bescheidene Existenz, während ihre beflügelte Verwandte alle Freiheit zwischen Himmel und Erde genoss.

Später, als de Mille sein Erlebnis erzählte, schloss er mit der eindringlichen Frage: »Wird der Schöpfer des Universums das, was er für einen Wasserkäfer tut, für einen Menschen nicht tun?«

Norman Vincent Peale

(Hinweis: Siehe auch unter Geschichten für 3- bis 7-Jährige, Nr. 5, S. 80f: Die Raupe – zu Großem berufen. Von der Raupe zum Schmetterling.)

3. Vom Dunkel ins Licht

Thema: Tod – Auferstehung.

Hinführung: Was wir von Raupe und Schmetterling her schon kennen, gibt es überall in der Natur.

Vorlesedauer: 7 Minuten

In einem Lagerschuppen nahe einem Garten lebte einmal ein zufriedener Sonnenblumenkern. Vielleicht wäre er dort alt geworden, wenn ihn nicht eines Tages der Gärtner ergriffen hätte, um ihn einzupflanzen.

»Es ist an der Zeit«, sagte er zu ihm. »Heute ist die Stunde gekommen, dein Leben kennen zu lernen – das eigentliche, das erfüllte Leben.«

»Deine rätselhaften Worte ängstigen mich, Gärtner«, entgegnete der Sonnenblumenkern mit zitternder Stimme. »Das Leben zu lernen scheint mir nicht so verheißungsvoll zu sein, wie du es sagst. Es ist so ungewiss, was aus mir werden wird. Stimmt es denn, dass man in die tiefe, dunkle Erde muss und ganz schmutzig wird? In dem Lagerschuppen, in dem ich bisher lebte, war alles sauber. Ich war bei meinen Freunden und fühlte mich geborgen.«

»Du wirst dein Leben in dieser sauberen, wohl behüteten Umgebung nicht finden. Dein Leben will entdeckt und gelebt werden. Du wirst dich auf die Suche machen müssen, sonst bleibt alles in dir gefangen. Dein Leben würde nie in dir aufbrechen und keimen, wenn du so bleiben willst, wie du jetzt bist. Du wirst es nur finden, wenn du die Mühe des Wachstums auf dich nimmst. Hab Vertrauen! Das Leben ist größer und schöner als unsere Angst.« »Aber wenn du mich eingräbst, dann sterbe ich in der dunklen Einsamkeit der Erde.« »Was heißt schon Sterben? Du siehst es nur von einer Seite. Aus dem Dunkel der Erde wird dein neues Leben wachsen. Du stirbst nicht, sondern wirst verwandelt. Du kannst nicht bleiben, was du jetzt bist. Werde das, was du wirklich bist!«

»Das klingt fremd für mich, Gärtner.« »Leben bedeutet nicht zuerst sein, sondern werden, wachsen und reifen. In dir steckt noch viel mehr, als du jetzt zu sehen vermagst. Du bist ein Kern voll blühender Zukunft, voll unendlicher Lebensmöglichkeiten, die tief verborgen in dir schlafen und nur darauf warten, geweckt zu werden.« »Aber ist das Licht der Sonne denn nicht genug, um meine Lebenskraft zu wecken? Warum muss ich in das Dunkel der Erde gelegt werden?« »So einfach, wie du denkst, ist es mit dem Leben nicht. Manches, was dir heute wehtut und als Unglück erscheint, kann morgen einmal dein Glück bedeuten. Es ist nicht gerade bequem, die Erfüllung seines Lebens zu finden. Dein Leben ist eine Aufgabe: Du musst dich selber loslassen und etwas wagen, wenn dein Leben sich in seinem ganzen Reichtum entfalten soll.«

Nachdem er dies gesagt hatte, grub der alte Gärtner ein Loch und legte den Sonnenblumenkern in die Erde. Die lange, beschwerliche Zeit des Wachstums begann.

»Jetzt ist es bald zu Ende mit mir. Es hätte so schön sein können, aber nun vergeht mein Leben in der Erde.«

Der Kern merkte, wie sich allmählich tief in seinem Innern etwas regte und bewegte, von dem er nicht sagen konnte, was es war. Dieses Gefühl versetzte ihn tagelang in Unruhe. Nach traurig-düsteren Tagen durchfuhr ihn ein Schmerz. Dies eröffnete ihm einen neuen Lebensraum. Der Panzer seines bisherigen Lebens war durchbrochen. Der Trieb hatte den Kern und den Erdboden durchdrungen.

»Das also meinte der Gärtner mit Wachstum und Entfaltung! Wachstum betrifft also das ganze Wesen. Wachstum bedeutet, die Schale zu durchbrechen, damit sich der Kern, das eigentliche Wesen, entfalten kann. Wachstum meint also, wesentlich zu werden.«

Sanft streichelten die Sonnenstrahlen den hellgrünen Trieb, der unter den Zärtlichkeiten der Sonne wuchs. Einfühlsam lockten ihn die warmen Strahlen zum Leben. Mit der Zeit bildeten sich immer neue Blätter.

»Noch lebst du nur für dich selber und verwendest deine ganze Kraft auf die Entfaltung deines Wesens. Aber bald wirst du ganz offen sein für das Lächeln der Sonne, für die Vögel, für den Wind und den Regen. Du wirst blühen, kleine Blume, und es wird keine einzige Blume im großen Garten geben, die so ist wie du. Schließlich kannst du deine Kerne weitergeben, damit neues, vielfältiges Leben wachsen kann.«

»Ja, es bereitet sich schon vor. Meine Blütenblätter fühlen sich noch zart und verletzlich an. – Wann ist der Tag, an dem ich meine Kerne weitergeben muss?«

»Du musst so weit in den Himmel hineinwachsen, wie du in der Tiefe der Erde verwurzelt bist. Dann ist deine Stunde gekommen. Du wirst es spüren.« Ihre Blätter begannen schon, sich auszuspannen und auszudehnen. Sie musste mit aller Kraft drängen und kämpfen, um zur vollen Entfaltung zu gelangen. Das war nicht leicht: Es erforderte ebenso viel Mut wie Ausdauer. Jeder neue Kern, der entstand, schmerzte ein wenig. Langsam und vorsichtig tastend streckte sie ihre gelben Blütenblätter bis in die letzten Fasern. Ein unbekanntes Glücksgefühl durchzitterte sie und sie empfand sich zum ersten Mal als ganz frei.

Sie fühlte sich so leicht wie das Licht und zugleich so schwer wie die Erde. Sie spürte, dass Himmel und Erde als eine große Wirklichkeit zusammengehörten. Und die Sonnenblume dachte an die Worte des alten Gärtners: Was in uns verborgen liegt, soll entfaltet werden, damit das Leben glückt. Ulrich Peters

4. Krishans Kreuz

Thema:	Kreuz – Auferstehung.
Hinführung:	Was würdest du aus einem Klumpen Ton formen, das an Ostern erinnert? – Wir hören dazu eine Geschichte mit einem überraschenden Ergebnis.
Vorlesedauer:	4 Minuten

Es hat lange gedauert, fast eine ganze Schulstunde lang. Aber jetzt ist das Kreuz fertig. Schön ist es geworden, findet Krishan, als er es abschließend noch einmal genau betrachtet. Er hat sich aber auch alle Mühe gegeben, damit es wirklich gerade und nicht schief und buckelig wird. Immer wieder hatte er behutsam mit dem angefeuchteten Finger an den Seiten und Oberflächen der Balken entlanggestrichen, um alle Unebenheiten auszugleichen. Wenn der Ton später getrocknet und gebrannt ist, will er es Mama und Papa schenken, das nimmt er sich schon jetzt ganz fest vor. Bis zum Ferienbeginn wird es so weit sein. Dann können es die Eltern pünktlich zu Ostern in der Wohnung aufhängen. Vielleicht in der Diele oder im Wohnzimmer...

»Ostern« – das ist das Thema der Töpferarbeit an diesem Vormittag. Alle Jungen und Mädchen hatten zu Beginn der Stunde einen Klumpen braunen Ton von Herrn Heimann bekommen.

»Macht daraus irgendetwas, das mit Ostern zu tun hat«, hatte der Lehrer die Kinder aufgefordert. »Kleine Eier zum Beispiel, Blüten, Hasen oder ein Körbchen – lasst euch mal selber etwas einfallen!«

Da hatten die Kinder mit ihrer Arbeit begonnen. Alles, was der Lehrer vorgeschlagen hatte, ist inzwischen unter ihren fleißigen Händen entstanden: zierliche Körbchen, mit und ohne Henkel, Blüten aus mehreren zusammengefügten Tonscheiben und unzählige Eier in verschiedenen Größen. Manche Kinder mussten ihr Ei, wenn es ziemlich groß geraten war, sogar ein wenig aushöhlen, damit es später beim Brennen nicht platzt. Auch Hasen sind auf manchen Tischen zu sehen, mal hockend, mal liegend, mal aufrecht stehend – je nachdem, wie geschickt sich der kleine Künstler angestellt hat. Einige Kinder haben sogar gleich mehrere hübsche Sachen geformt.

Krishan ist der Einzige, der keinen Hasen gemacht hat. Auch keine Blüten, kein Körbchen und kein Ei. Er hat nur das Kreuz vor sich liegen, nichts sonst.

Sein Freund Jan hatte ihn während der Stunde mal angestoßen und gesagt: »Du machst ja bloß'n Kreuz – kannst du denn keinen Hasen?« Da hat Krishan geantwortet, ein Kreuz sei viel wichtiger als ein Hase. Darauf wusste Jan keine Antwort. Er zuckte nur mit den Schultern und arbeitete weiter.

Als jetzt der Lehrer einen letzten langsamen Rundgang durch die Klasse macht, um die Werke seiner Schüler eingehend zu betrachten, bleibt er neben dem Tisch von Krishan stehen.

»Das Kreuz ist dir wirklich gut gelungen, Krishan. Es ist sehr sauber gearbeitet«, lobt er den Jungen.«Aber sag – hätte es nicht viel besser zum Thema ›Karfreitag‹ als zu ›Ostern‹ gepasst?«

Doch Krishan schüttelt überzeugt den Kopf und blickt zu Herrn Heimann auf. »Nein – das ist doch das leere Kreuz – das, wo Jesus nicht mehr dranhängt, weil er doch auferstanden ist!«

Erstaunt wandert der Blick des Lehrers wieder hinunter zu dem schlichten Kreuz, das da vor Krishan auf dem Holzbrett liegt. Einen Moment lang betrachtet er es nachdenklich. Dann legt er seine Hand auf die schmale Schulter des Jungen und sagt mit fester Stimme: »Du hast Recht, Krishan. Jetzt sehe ich es auch – es ist tatsächlich das Osterkreuz.«

Angelika Blum

5. Aus Leid zur Herrlichkeit

Thema: Leiden – Auferstehung.
Hinführung: Wenn es Gott gibt, muss eines Tages doch auch Gerechtigkeit für alle sein. Und wenn einer hier viel leiden muss, dann hat er im Leben nach dem Tod umso mehr Glück verdient oder?
Vorlesedauer: 3 1/2 Minuten

Es war einmal eine Frau, die hatte ein einziges Töchterchen, das war sehr klein und blass und anders als andere Kinder. Wenn sie spazieren gingen, dann blieben die Leute oft stehen und sahen dem Kind nach. Wenn dann das kleine Mädchen seine Mutter fragte: »Weshalb sehen die Leute mich so an?«, antwortete sie jedes Mal: »Weil du so ein wunderschönes Kleidchen anhast.« Dann war die Kleine zufrieden. Nach einiger Zeit wurde die Mutter krank und starb.

Der Vater nahm sich nach einem Jahr eine andere Frau, die war schöner, jünger und reicher, aber nicht so gut wie die richtige Mutter. Sie ging auch oft spazieren, aber das kleine Mädchen nahm sie nie mit.

Endlich fasste es sich ein Herz und bat: »Nimm mich doch mit!« Aber die neue Mutter schlug es rundweg ab und sagte: »Du bist wohl nicht gescheit! Was sollen die Leute denken, wenn ich mich mit dir sehen lasse? Du bist ja ganz bucklig! Bucklige Kinder bleiben immer zu Hause!«

Da wurde das kleine Mädchen ganz still. Als die Mutter das Haus verlassen hatte, stellte es sich auf einen Stuhl und besah sich im Spiegel. Und tatsächlich, es war bucklig, sehr bucklig. Es setzte sich wieder hin und dachte: »Was mag da nur in meinem Buckel sein?«

Der Winter kam, da wurde das kleine Mädchen immer blasser und schwächer und schließlich starb es.

Als es begraben war, kam ein Engel geflogen und klopfte an das Grab, als wenn es eine Tür wäre. Sofort kam das kleine Mädchen aus dem Grabe heraus und der Engel verkündete ihm: »Ich bin gekommen, um dich zu deiner Mutter in den Himmel zu holen!« Das Mädchen fragte schüchtern: »Können denn auch bucklige Kinder in den Himmel?« Da berührte der Engel seinen Rücken und sagte: »Gutes Kind, du bist gar nicht mehr bucklig!«

Und richtig, der alte, garstige Buckel fiel ab wie eine große hohle Schale. Was war darin? Zwei herrliche Flügel. Die spannte es aus, als wenn es schon immer fliegen gekonnt hätte, und flog mit dem Engel durch den blitzenden Sonnenschein. Und im Himmel saß die gute Mutter und schloss es in ihre Arme.

Richard von Volkmann-Leander

6. Die Heimkehr

Thema: Zerbrechen einer Ehe (= Tod) und Versöhnung (= Auferstehung).

Hinführung: Jeder von uns kann in seinem Leben »Tod« und » Auferstehung« erfahren.
Wusstest du schon, dass die Nähe eines Menschen gesund machen, krank machen – tot und lebendig machen kann?
Wusstest du schon, dass die Nähe eines Menschen gut machen – böse machen – traurig und froh machen kann?
(Wilhelm Willms)

Vorlesedauer: 8 $^1/_2$ Minuten

Ich muss euch ganz schnell erzählen, dass heute bei uns was Wunderschönes geschehen ist, gerade heute am Ostersonntag. Ich kann es noch gar nicht glauben, so schön ist es, und es ist wahr!

Da muss ich aber erst erzählen, wie alles gekommen ist. Also im letzten Sommer, kurz nach der Urlaubsreise, da haben sich mein Vater und meine Mutter ganz furchtbar zerstritten. Ich kam gerade aus der Schule, da hörte ich sie schon vom Treppenhaus aus. Sie redeten laut miteinander und waren alle beide sehr aufgeregt. Sie hatten sich schon manchmal gezankt, aber nur eine Weile, und dann hatten sie sich wieder vertragen. Diesmal war es viel schlimmer, das hörte ich gleich.

Ich setzte mich auf die oberste Treppenstufe und wartete, denn ich dachte, wenn sie sich gerade zanken, wollen sie sicher nicht gestört sein. Ich konnte nicht genau verstehen, was sie sagten, aber dann hörte ich den Vater brüllen: »Ich halte das nicht länger aus!« Darauf schrie die Mutter zurück: »Glaubst du, ich?«

Nach einer Weile wurde es plötzlich ganz still. Nur die Mutter weinte. Sie weinte so laut, dass ich dachte, ich muss sie trösten. Da klingelte ich. Aber niemand machte mir auf. Ich setzte mich wieder auf die Treppenstufe und wartete. Aber die Stufe war kalt, und ich war so allein, und da fing ich an zu weinen. Nicht einmal ein Taschentuch hatte ich bei mir. Ich saß eine lange Zeit so da und wischte mir ab und zu das Gesicht mit dem Ärmel ab.

Plötzlich flog die Tür auf und Vater kam herausgestürmt. Die Krawatte hatte er ganz unordentlich umgebunden und den Mantel nicht zugeknöpft. In der einen Hand trug er einen Koffer, in der anderen eine dicke Reisetasche. Die Mutter kam nicht zur Tür, wie sonst, wenn der Vater zur Arbeit ging oder eine Reise machte. Sie gab ihm nämlich an der Tür immer einen Abschiedskuss.

Als Vater mich sah, blieb er einen Augenblick stehen und sagte hastig: »Geh rein, Nina, die Mutti wartet schon auf dich.«

»Wo gehst du hin, Vati?«, fragte ich und stand auf.

»Ich muss mal eben ganz kurz verreisen«, antwortete er.

»Aber du hast doch so einen großen Koffer mit!«, rief ich. »Sonst nimmst du doch immer den kleinen gelben.«

»Na ja«, sagte er, als er schon die Treppe hinunterlief, »ich bleibe vielleicht ein paar Tage länger als sonst.«

Ich rannte hinter ihm her, ich stolperte neben ihm die Treppe hinunter, denn ich merkte schon, dass da etwas nicht stimmte, und ich rief voller Angst: »Vati, fahr doch nicht weg!«

»Ich muss!«, sagte er finster und ging weiter.

»Fahr doch erst morgen!«, rief ich und begann zu weinen.

Inzwischen waren wir schon unten vor der Haustür, mitten auf dem Bürgersteig und mitten zwischen den vielen Leuten, die da vorübergingen. Ich packte den Koffer am Griff, neben seiner Hand, und zerrte daran, dabei weinte ich laut. Da blieb er stehen und stellte Koffer und Reisetasche einen Augenblick nieder. Dann beugte er sich zu mir herunter und sagte: »Du musst jetzt umkehren, Nina. Sei eine liebe Nina und geh hinauf zur Mutti. Ich schreibe dir auch.«

Als er das sagte, wusste ich, dass er für immer fortgehen wollte.

»Vati, Vati!«, schrie ich und klammerte mich an seinem Mantel fest. Er zog sein großes Taschentuch aus der Tasche, putzte mir die Nase und wischte mir die Tränen weg. Er hob mich hoch und drückte mich an sich. Dann ging er mit dem Koffer und der Reisetasche fort. Er winkte mir noch einmal, dann war er zwischen den Leuten verschwunden.

All die Monate sind wir nun allein gewesen, Mutti und ich. Mutti hat viel geweint. Jeden Tag hat sie nach dem Briefträger ausgeschaut. Es kamen auch zwei Briefe von meinem Vater, aber nicht an sie, sondern an mich. Er schrieb nicht viel. Er schrieb nur, dass er gesund sei und dass es ihm gut gehe und dass er mich gern sehen würde. Aber wann er nach Hause kommen wollte, davon schrieb er gar nichts. Der letzte Brief kam im Oktober, danach schrieb er überhaupt nicht mehr. Sein erster Brief kam aus einem Hotel in Hamburg, der zweite aus Düsseldorf, aber nicht aus einem Hotel. Ich schrieb ihm zurück, dass wir auf ihn warten, und Mutti schrieb Grüße darunter. Aber mein zweiter Brief kam zurück, darauf stand: ADRESSAT UNBEKANNT VERZOGEN. Da konnten wir ihm nicht mehr schreiben.

Die Weihnachtstage waren schrecklich ohne ihn. Er konnte so schön auf der Mundharmonika spielen. Die lag jetzt auf der Kommode. Er hatte sie nicht mitgenommen. Mutti ließ den ganzen Heiligen Abend den Plattenspieler laufen, damit Vatis Mundharmonikamusik nicht so fehlte. Aber was sind schon ein paar Platten gegen Vatis Musik? Und er hatte zu Weihnachten immer die Nüsse geknackt, die länglichen braunen, die so schwer zu knacken sind. Mutti kriegte manche von ihnen gar nicht auf, obwohl sie sich große Mühe gab. Als alle Platten abgespielt und die

Nüsse geknackt und die Lichter am Baum abgebrannt waren, saßen wir beide da und weinten, weil wir so allein waren. Nicht einmal der Apfelstrudel, den Mutti gebacken hatte, schmeckte uns.

»Den aß er so gern«, sagte Mutti. »Heute Abend wird er keinen haben, denn wer kann schon Apfelstrudel backen?«

Im Januar, als Schlittenwetter war, ging Mutti mit mir Schlitten fahren. Die anderen Jahre war immer Vati mit mir losgezogen. Das war ein Vergnügen gewesen. Wir rodelten die steilsten Hänge zusammen hinunter. Mutti war zu ängstlich.

Und so ging das weiter.

»Glaubst du, er kommt noch einmal wieder?«, fragte ich einmal meine Mutter.

»Ich weiß nicht«, antwortete sie und starrte an die Wand. Aber an ihren Augen merkte ich, dass sie nicht mehr viel Hoffnung hatte.

»Wir müssen jetzt fest zusammenhalten«, sagte sie.

Aber heute, heute morgen am Ostersonntag, da ist er wiedergekommen! Mutti und ich sind ganz närrisch vor Freude! Als wir gerade beim Frühstück saßen, klingelte es, und Mutti sagte: »Nanu, wer kommt denn jetzt am Ostersonntag zur Frühstückszeit?«

Ich rannte zur Tür und machte sie auf, und da, da stand er mit dem Koffer und der Reisetasche und einem großen Strauß Osterglocken!

»Mutti, komm!«, schrie ich und umarmte meinen Vater. Dann fiel ihm auch Mutti um den Hals. Dabei zerdrückte sie den Strauß Osterglocken. Aber das war ja nicht schlimm.

Vater sagte: »Wollen wir wieder Frieden schließen? Es tut mir Leid.«

»Ach Richard«, rief Mutti. »Ich war ja auch dran schuld, dass wir uns so gezankt haben. Aber jetzt ist alles wieder gut.«

»Ja«, sagte Vati, »Und jetzt lasst mich mal mit frühstücken.«

Es ist alles wieder gut. Wirklich! Heute Nachmittag wollen wir zusammen in den Stadtwald spazieren gehen. Das machen wir jeden Ostersonntag. Vati geht dann ein Stück voraus und plötzlich liegen am Wegrand lauter Ostereier.

Gudrun Pausewang

7. Der Korb Ostereier

Thema:	Versöhnung aus der Kraft des Glaubens.
Hinführung:	Wie lange brauchst du, um Rachegedanken zu überwinden? Und wenn du es dann schaffst, dich zu versöhnen: Woher nimmst du diese Kraft?
Vorlesedauer:	4 $^1/_2$ Minuten

»Wenn du Lust hast, begleite mich ein Stück«, sagte er zu mir. Ich tat ihm den Gefallen. Wir fuhren ungefähr 50 Kilometer vor die Stadt in ein großes, reiches Dorf. Vor einem behäbigen, weit ausladenden Bauernhof machte er halt. Es dauerte eine kurze Zeit, bis ihn der Besitzer empfing. »Sie werden sich meiner nicht erinnern«, sagte der Fremde, »es war genau wie heute vor vielen Jahren am Ostersonntag. Ich kam damals in meiner größten Not zu Ihnen und bat Sie um ein Stück Brot.« »Damals kamen viele«, sagte der Bauer. »Eben. Aber Sie hatten ein gutes Herz. Sie gaben mir nicht nur das erbetene Stück Brot. Sie gaben mir auch zwei rote Ostereier dazu und ein kleines Stück Speck. Ich habe Ihnen das nie vergessen. Ich war damals am Ende meiner Kräfte. Ohne Sie wäre ich verhungert.« »Ich kann mich nicht erinnern, aber es ist möglich«, sagte der Mann, ein wenig beschämt und beglückt zur gleichen Zeit, »es ist so lange her ...« Mein Freund nickte: »Ich hatte mir damals, als ich beschenkt von Ihrer Tür wegging, vorgenommen, es Ihnen eines Tages zu vergelten. Heute geht es mir wieder gut. Ich habe Ihnen darum einen ganzen Korb Ostereier mitgebracht und einen Osterschinken dazu – würden Sie mir die Freundlichkeit erweisen, diese Gabe als Zeichen meines Dankes entgegenzunehmen?« Der Bauer stand verwirrt da.

Wir fuhren weiter mit dem Wagen in ein zweites Haus, nicht allzu weit vom ersten entfernt. Hier empfing uns die Hausfrau. »Am Ostersonntag vor wie viel Jahren?«, fragte sie, »nein, ich erinnere mich wirklich nicht – es war damals eine harte Zeit ...« »Aber Sie hatten ein weiches und gutes Herz«, sagte mein Freund, »Sie schenkten mir zwei rote

Ostereier und ein großes Stück von Ihrem Osterbrot. Ich erinnere mich noch genau: Es waren Mandeln und Rosinen darin. Heute bin ich gekommen, Ihnen zu danken, was Sie seinerzeit Gutes an mir taten. Darf ich diesen Korb mit roten Ostereiern und einem Osterkuchen obenauf als kleines Zeichen meiner Dankbarkeit für Ihre Nächstenliebe auf den Tisch stellen?« »Sie beschämen mich«, sagte die Frau und begann zu weinen.

Das ging so drei, vier Häuser weiter; beim siebenten Hof, wo wir vorfuhren – und ich sah noch eine Anzahl Körbe mit roten Ostereiern in seinem Wagen, wir waren also noch nicht am Ende –, fragte ich ihn verwundert: »Dir muss es in diesen Tagen gar nicht so schlecht gegangen sein, wenn du überall am Ostersonntag zwei Ostereier und hier ein Stück Speck, dort einen Kuchen und da wiederum ein Stück Wurst bekommen hast, alles an einem Tag, wie gut muss es dir da gegangen sein!« Mein Freund hielt den Wagen an. »Es ging mir nicht besser als den anderen. An allen Türen, wo ich anklopfte, wurde ich barsch abgewiesen. Ich habe nicht ein einziges Osterei bekommen, geschweige ein Stück Brot oder Speck.« »Überall dort, wo wir heute waren?« »Genau in diesen Häusern. Genau von denselben Menschen.« »Warum bringst du ihnen dann diesen Korb mit Eiern und ein anderes Geschenk obenauf und bedankst dich bei denen, die dir nicht halfen?« Mein Freund lächelte leise. Er antwortete: »Wenn man den Menschen sagt, sie hätten einmal etwas Gutes getan, auch wenn sie sich nicht daran erinnern – so glauben sie gern daran, dass sie ihre gute Tat nur vergessen haben. Man kann ihnen einreden, gut gewesen zu sein. So etwas glaubt jeder gern. Und vielleicht tut er daraufhin heute oder morgen wirklich einmal etwas Gutes und hilft einem Menschen, der es nötig hat. Ist das nicht einen Korb Ostereier wert?«

Jo Hanns Rösler

8. Ostergnade der Vergebung

Thema: Vergeben können aus der Kraft des Osterglaubens.

Hinführung: Es gab schon vor Jahrhunderten tolle Bräuche. Nicht nur finsteres Mittelalter! Wir hören eine Geschichte aus vergangener Zeit, die zeigt, was Menschen aus dem Glauben an den auferstandenen Christus alles bewegen können.

Vorlesedauer: 3 Minuten

Nach der Osternachtsmesse, so wird aus der Zeit der christlichen Machthaber berichtet, wurde vom Kaiser mit dem Licht der Osterkerze noch die große Kerze der Ostergnade entzündet: Solange sie brannte, konnte jeder, der ein todeswürdiges Verbrechen freiwillig gestand, mit seiner Vergebung rechnen. Sagt doch Jesus im Osterevangelium: »Wem ihr die Sünden vergebt, dem sind sie vergeben!« Und beten wir nicht alle: »Vergib uns unsere Schuld, wie auch wir vergeben unseren Schuldigern«? Allerdings durfte die Gesetzesübertretung nicht schon vor Gericht stehen oder erwiesen sein.

Schon kam der lange Zug der Übertreter aus einer Seitentür: Eidbrüchige und Totschläger, Giftmischer und Kindesmörderinnen, Wegelagerer und Falschmünzer. Sie alle legten die rechte Hand an die Kerze, bekannten ihre Schuld und traten dann an den Tisch des Schreibers. Er notierte ihre Namen und gab ihnen den Gnadenbrief mit, der sie zur (unverfolgten) Wiedergutmachung aufforderte.

Als Letzte trat eine Frau an die Kerze, deren Ehegatte sie bereits unter den Gläubigern und Schaulustigen erwartete. In der Hand hielt er eine Schriftrolle, auf der er dem Kaiser mitteilen wollte, dass seine Frau ohne Recht sein Erbarmen anrufe, weil er sie schon ihrer Vergehen überführt habe; sie leugne sie nur immer noch.

Die Menschen starrten auf die Frau im Büßergewand, die ihre Hände an die Kerze legte und stockend in die atemlose Stille sprach: »Ich beschuldige mich des Ehebruchs mit jenen Männern, die mir gefallen haben ...«

Plötzlich schrie sie: »Diese Gnade steht mir nicht zu!« Und blies die Flamme aus. Dann sprach sie mit geschlossenen Augen von dem Kind, das sie empfangen hatte und dem Studenten ... Sie schloss: »Meine Schuld ist zu groß!«

Schließlich öffnete sie die Augen. Die Kerze *brannte*. Ihr Mann stand neben ihr. Er hatte sie mit seiner Schriftrolle entzündet.

Mit strenger Stimme fragte der Kaiser: »Wer bist du und wie wagst du es, meine Gnadenkerze von Neuem zu entzünden?« Der antwortete: »Ich bin der Gatte dieser Frau. Mit der Anklageschrift gegen sie holte ich erneut das Licht von der Osterkerze.«

Da verneigte sich der Kaiser und verzieh: »Du hast richtig gehandelt – nach dem Beispiel Jesu Christi!«

Inhaltsangabe nach einer Geschichte von Werner Bergengruen

9. Pater Maximilian Kolbe

Thema: Stellvertretend für einen anderen sterben.

Hinführung: Was Liebe vermag, haben besonders Menschen gezeigt, die ihr Leben für andere hingaben – weil sie Jesus nachfolgen möchten.

Vorlesedauer: 2 1/2 Minuten

Es geschah in einem Konzentrationslager der Nazis im letzten Weltkrieg. Ein Mann zeigte, zu was Liebe fähig ist. Der Mann hieß Pater Maximilian Kolbe.

Am 29. Juli 1941 ist ein Gefangener geflohen. Und jetzt sollen zehn Unschuldige dafür den Hungertod sterben. Auch ein Familienvater wird ausgezählt. Er schreit laut auf. Da tritt Pater Maximilian vor die Reihen, um für ihn in den Hungerbunker zu gehen.

SS-Hauptsturmführer Fritsch fragt: »Was will das polnische Schwein?«

Kolbe: »Ich will statt seiner sterben!«

»Wer bist du?«

»Ich bin ein katholischer Priester.«

»Warum wollen Sie(!) statt seiner sterben?«

»Er hat Frau und Kinder.«

»Gut.«

Dann gehen die für den Hungertod ausgewählten Häftlinge paarweise in den Todesblock. Sie bekommen nichts mehr zu essen und zu trinken. Sonst wird hier nur geschrieen und geflucht. Aber diesmal hören die wachhabenden SS-Schergen zu ihrer Verwunderung laute Gebete und Marienlieder. Jeden Tag werden Tote weggeschleppt. Nach acht Tagen ist das Singen und Beten nur noch Geflüster. Nach 14 Tagen leben nur noch vier Häftlinge.

Wie ist das nur möglich? Der stärkste Mensch kann ohne Wasser nur sieben bis acht Tage überleben! Und P. Maximilian lebt seit 20 Jahren nur mit *einem* Lungenflügel. Zuletzt lebt nur noch P. Maximilian. Mit einer Phenolspritze wird er am 14. August 1941 auf Befehl von Fritsch getötet. Er hat bis zum Vorabend von Maria Himmelfahrt ausgehalten. Am Tag dieses Festes wird er zu Asche verbrannt.

Bei seiner Seligsprechung ist der Gerettete Franciszek Gajownizek in Rom dabei. Im Jahre 1982 wurde P. Maximilian von Papst Johannes Paul II. heiliggesprochen.

10. Das Lösegeld

Thema:	Erlösung.
Hinführung:	Wir hören eine Geschichte, an der uns klar werden kann, wie der Sohn des Königs, Jesus, alles versucht, die Menschen, uns, »freizukaufen«.
Vorlesedauer:	3 1/2 Minuten

»Gerechtigkeit muss sein«, sagte der König. Der Sohn bewegte sich nicht. »Und Barmherzigkeit muss sein!«, sagte der König. Der Sohn stand da und schwieg, dann nickte er leicht und verließ die Halle.

Die beiden, die man an diesem Morgen in den Schuldturm geworfen hatte, waren Bürger der Stadt, fast schon Nachbarn des Schlosses. Sie hatten Mitbürger betrogen und sollten nun, wie das Gesetz es befahl, im Turm bleiben, bis der letzte Pfennig Wiedergutmachung bezahlt war.

Vom Urteilsspruch her kannte der Königssohn die Summen, die die beiden Verurteilten schuldeten. Aus seinem privaten Tresor nahm er das Geld und füllte zwei Jutesäcke damit. Dabei steckte er zu den großen Scheinen genügend kleine Münzen, damit die Säckchen Gewicht bekämen. Sobald es Abend geworden war, ging er zum Turm. Er passte die Runde des Wächters ab, denn er wollte nicht gesehen werden, dann warf er – einmal, zweimal. Er traf jeweils genau durch eine der Fensteröffnungen, die groß genug waren, dass die Gefangenen nicht ersticken, und klein genug, dass selbst ein schmächtiger Mann sich nicht hindurchzwängen konnte.

Auch der Raum hinter dem jeweiligen Fenster war winzig klein. Das einzige Möbelstück, eine schmale Pritsche, stand unmittelbar unter dem Fenster. So kam es, dass die beiden Geldsäckchen den Eingekerkerten genau auf die Brust fielen. Der erste, noch wach vor Sorge, griff nach dem Säckchen und begriff blitzschnell. Sein Herz schlug einen Wirbel vor Freude. Er sprang von seiner Pritsche auf und hätte tanzen mögen. Er wusste, am Morgen würde er sich mit dem Lösegeld des Unbekannten freikaufen können. Wer immer sein Retter war – er würde ihm ewig dankbar sein; ihm allein war es ja zuzuschreiben, dass er neu anfangen durfte.

Vom zweiten Gefangenen sollte eigentlich genau das Gleiche zu erzählen sein, denn dass er bereits aus unruhigem Halbschlaf gerissen war, machte doch wohl keinen großen Unterschied aus. Doch dieser zweite Gefangene griff, ohne zu begreifen und aufgebracht durch die Störung, nach dem kleinen Geldsack und schleuderte ihn voller Zorn durch die Fensteröffnung in die Nacht draußen zurück. Das Geld, das auch ihm die Freiheit hätte bringen können, schlug unweit vom Königssohn auf das Pflaster des Vorplatzes auf.

Der Königssohn stand lange wie betäubt da. Gewiss dachte er auch an den, der die Rettung angenommen hatte; viel stärker waren seine Gedanken bei dem anderen, der sie verweigert hatte.

Der Königssohn bückte sich endlich. Mit den Händen ertastete er den kleinen Jutesack, während schon die Schritte des wiederkehrenden Wächters zu hören waren. Voll Trauer schaute der Königssohn nochmals zu dem einen Turmfenster hin. Ob er, wenn die Wache vorbei war, das Lösegeld ein zweites Mal hineinwerfen würde? Berthold Lutz

11. Die Libelle und der Blutegel

Thema:	Spott aushalten.
Hinführung:	Es gibt genug MitschülerInnen und Erwachsene, die dich auslachen, wenn du an ein Leben glaubst, das erst noch kommt. Die können sich krümmen vor Lachen – wie der Blutegel – in folgender Geschichte.
Vorlesedauer:	2 Minuten

Eine Fabel erzählt das Gespräch zwischen einer Libellenlarve, die immer wieder den unwiderstehlichen Drang nach oben hat, um neue Luft zu schöpfen, und einem Blutegel, der sagt: »Hab' ich vielleicht jemals das Bedürfnis nach dem, was du Himmelsluft nennst?« »Ach«, erwiderte die Libellenlarve, »ich hab' nun einmal die Sehnsucht nach oben. Ich versuchte auch schon einmal, an der Wasseroberfläche nach dem zu schauen, was darüber ist. Da sah ich einen hellen Schein, und merkwürdige Schattengestalten huschten über mich hinweg. Aber meine Augen müssen wohl nicht geeignet sein für das, was über dem Teich ist. Aber wissen möchte ich's doch!« Der Blutegel krümmte sich vor Lachen: »O du phantasievolle Seele, du meinst, über dem Tümpel gibt es noch was? Lass doch diese Illusionen. Glaub mir als einem erfahrenen Mann. Ich hab' den ganzen Tümpel durchschwommen. Dieser Tümpel ist die Welt – und die Welt ist ein Tümpel. Und außerhalb dessen ist nichts!« »Aber ich hab' doch den Lichtschein gesehen und Schatten!« »Hirngespinste! Was ich fühlen und betasten kann, das ist das Wirkliche«, erwiderte der Blutegel.

Aber es dauerte nicht lange, bis sich die Libellenlarve aus dem Wasser herausschob, Flügel wuchsen ihr, goldenes Sonnenlicht und blauer Himmelsschein umspülten sie, und sie schwebte schimmernd über den niedrigen Tümpel davon.

Quelle unbekannt

III. Fest Christi Himmelfahrt

DIE BEIDEN LÖFFEL

Hinführung: Es gibt einen Himmel, an dem die Flugzeuge und Raumschiffe ziehen. Den seht ihr über euch. Und es gibt einen Himmel, in den Jesus aufgenommen wurde. Dieser Himmel kann überall da sein, wo Menschen glücklich sind.

Vorlesedauer: 3 1/2 Minuten

Tina, die jetzt ins 1. Schuljahr geht, denkt gerne an den Kindergarten zurück. Sie kann auch etwas zum Fest »Christi Himmelfahrt« erzählen und das geht so:

Einmal hat Frau N.N. (jetzt die Bezugsperson nennen: die Gruppenleiterin, die Seelsorgekraft ...) einen ganz langen Holzlöffel mitgebracht. Der Stiel war so lang, dass sie damit fast den Manuel aus dem Kreis gegenüber hätte füttern können. Sie hielt ihn vor sich und erzählte uns folgende Geschichte:

»Da war ein Kind, das wollte unbedingt mal sehen, wie es im Himmel und in der Hölle ausschaut. Jesus erfüllte seine Bitte. Er schickte einen Engel. Der nahm das Kind an die Hand und zeigte ihm einen Raum. Da saßen Leute mit so langen Löffeln wie dieser hier um einen großen Topf mit den leckersten Sachen. Alle wollten mit ihren Löffeln das Beste herausfischen. Aber jedes Mal, wenn sie es sich in den Mund stecken wollten, verhedderten sie sich mit den Löffeln der anderen. Dann fiel alles wieder in den Topf zurück. Sie alle sahen blass, mager und elend aus. Und keiner guckte freundlich oder sagte etwas. Es war eisige Stille.

Hast du das auch zu Hause schon einmal erlebt, wenn zwischen Papa und Mama eisige Stille ist? Das ist doch zum Davonlaufen!

Da sagte der Engel zu dem Kind: ›Das hier ist die Hölle. Jeder denkt nur an sich.‹

Darauf führte der Engel das Kind in einen zweiten Raum. Das Kind war überrascht: Hier sah es genauso aus wie im ersten. Da saßen Leute mit so langen Löffeln wie dieser hier auch um einen großen Topf mit den leckersten Sachen. Alle waren sehr hungrig und alle fischten mit den Löffeln das Beste heraus. Aber es gab einen Unterschied: Sie waren alle gut genährt, gesund und schauten sich freundlich an. Es war eine lustige Gesellschaft, die oft lachte und Freude hatte.

›Siehst du, was hier anders ist?‹, fragte der Engel das Kind, ›sie füttern mit den langen Löffeln immer den, der gegenüber sitzt; und der füttert sein Gegenüber. So werden alle satt!‹«

Dann sagte Frau N.N.: »Probiert das mal bei eurem nächsten Geburtstag. Ihr bittet euren Opa, ganz lange Löffel zu schnitzen und füttert euch damit gegenseitig. Ihr werdet feststellen, wie lustig es dabei zugeht.

Hast du auch schon einmal gesehen, wenn der Papa der Mama oder umgekehrt oder dir einen Leckerbissen in den Mund schiebt, das geht meistens nicht ohne ein Lächeln oder einen Kuss ab!

Jetzt wisst ihr auch, was im zweiten Raum war: Der Himmel. Immer, wenn Menschen glücklich sind und gut miteinander umgehen, dann leuchtet schon etwas von dem Himmel auf, den Jesus uns versprochen hat und in dem er auf uns wartet.«

nach einer Parabel aus dem Jüdischen

1. Sie werden staunen, wenn die Vorhänge fallen

Thema: Himmel.

Hinführung: Stellt euch vor, ich ließe euch jetzt einen Aufsatz zum Thema Himmel schreiben. Fiel dir dazu etwas ein?

Vorlesedauer: 4 1/2 Minuten

Als letzte Woche zum ersten Mal so eine Affenhitze war, saß Monika in ihrem Zimmer und schwitzte über einem Aufsatz. Für Religion musste sie einen Aufsatz über den Himmel machen. Was soll man da schon schreiben? Sie seufzte tief und war gerade damit fertig, das ganze Löschblatt mit Strichmännchen zu bekritzeln. Sie lief zu ihrem Bruder Klaus rüber. »Weißt du denn etwas über den Himmel?« »O ja«, grinste Klaus hinterlistig. »Ich kenne den Stundenplan des Himmels: 1. Stunde ›Hosannarufen‹; 2. Stunde ›mit Palmen wedeln‹; 3. Stunde ›Weihrauchfass schwenken‹...« Monika war schon wieder draußen. Aber als sie nach fünf Minuten immer noch nichts gefunden hatte, war sie wieder da: »Weißt du denn wirklich nichts?« Jetzt wurde Klaus wütend: »Du mit deinem blöden Aufsatz; ich bin noch nicht da gewesen!«

Monika geht in die Küche: »Mutter, weißt du etwas über den Himmel?« Die Mutter schaut zum Fenster raus und meint: »Jedenfalls liegt er nicht über den Wolken. – Ich weiß noch gut, wie wir früher mal das ›Vater unser im Himmel‹, übersetzt haben in die Worte: ›Unser Vater. Du bist überall‹.«

Weil Monika nun schon mal wandert, geht sie noch weiter, zum Vater. Der sitzt im Wohnzimmer, hat die Beine in einer Schüssel mit kaltem Wasser und schaut von seiner Zeitung auf. »Himmel?«, überlegt er.

Ja – und dann schaut er Monika schelmisch an: »Wenn du mal größer bist und einen Jungen liebst (oh, wird Monika rot; und sie macht ein Gesicht dabei, als wollte sie sagen: ich werde mich nie in einen Jungen verlieben) und so richtig glücklich bist, dann sagen die Leute von euch: ›die sind im siebten Himmel.‹ – Weißt du, was ich damit sagen will? So glücklich wie Braut und Bräutigam sind, so glücklich sind wir einmal, wenn wir ganz nahe bei Gott sind.«

Monika geht noch zur Oma. Sie scheint die Hitze noch am ehesten zu vertragen. Sie meint: »Eben habe ich in der Kirchenzeitung gelesen: Man kann jetzt schon den Himmel auf Erden haben, wenn man versucht, die anderen wirklich zu lieben, d.h. seine eigenen Wünsche ein bisschen zu vergessen. Man kann auch die Hölle um sich verbreiten, wenn man nur schlägt und wütet und Hässliches denkt und tut.« Und obwohl die Oma sieht, dass Monika das nicht so ganz versteht, sagt sie noch einen Satz, der vielleicht der wichtigste ist: »Wo Jesus jetzt ist, da ist der Himmel. Und wenn es stimmt, dass Jesus mitten unter uns ist, dann ist da schon ein Stückchen Himmel, wo wir wollen, dass er unter uns ist.«

Die Mutter ruft: »Denk daran, Monika, wir müssen noch zum Großeinkauf. Sag auch Klaus Bescheid.« Es wurde also jetzt nichts mehr aus dem Aufsatz.

Sie gehen schon an den Schaufenstern von Karstadt vorbei, da liest Klaus auf einem Plakat: »Wir dekorieren um. Sie werden staunen, wenn die Vorhänge fallen!« Ihr wisst ja, wenn dann so ein Schaufenster schön fertig gemacht ist, dann bleiben die Leute stehen und machen große Augen. Und manchen bleibt vor Staunen der Mund offen stehen, wenn sie all die Herrlichkeiten im Fenster sehen.

»Monika, komm doch, da hast du deinen Himmel«, ruft Klaus und zeigt auf den Vorhang. Aber sie zuckt mit den Schultern: »Ich weiß nicht, was du meinst.« »Ach, du hast wieder eine lange Leitung. Da, so ist das auch mit dem Himmel. Jetzt sehen wir noch nichts von ihm. Er ist wie ein Vorhang vor unseren Augen. Wir wissen nur, dass Herrlichkeiten hinter dem Vorhang sind. Aber wie sie aussehen, können wir nur ahnen.«

2. Die Hölle ist nicht unten

Thema:	Hölle – Himmel.
Hinführung:	Die Hölle ist nicht unten, der Himmel ist nicht oben. Denn manchmal spielt sich »Hölle« in einer Familie ab oder einer Katastrophe. Aber auch »Himmel« ist jederzeit möglich, sogar in einer Schulklasse.
Vorlesedauer:	12 Minuten

Montags in der ersten Stunde ist Religion. Da erzählt Frau Timm den Kindern Geschichten aus der Bibel. Von Abraham zum Beispiel. Und von Jakob. Und von Joseph und seinen Brüdern. Aber an diesem Montag geschieht es, dass Sandra Willig nach dem Anfangsgebet den Finger streckt und quer durch die Klasse ruft: »Frau Timm, der Andi hat zur Hölle gebetet!«

»Was?«, fragt Frau Timm verdutzt und schaut zu Andi hinüber. Der sitzt ganz erschrocken da und begreift gar nicht, was Sandra meint.

Aber Sandra springt auf, läuft nach vorn und macht es vor: »Er hat die Hände nach unten gefaltet – zur Hölle: so!«, erklärt sie.

Die Kinder sehen Frau Timm an und warten gespannt darauf, was sie sagen wird. Einige erinnern sich daran, dass sie vorhin selber die Hände nach unten gehalten haben, und hoffen insgeheim, das niemand es bemerkt hat. Denn vielleicht ist es ja eine große Sünde, wenn man so betet.

»Ja, also, ich möchte« – beginnt Frau Timm. Aber gerade da klopft es an der Tür. Und als Frau Timm hingeht und öffnet, steht Thea draußen mit ihrer Großmutter. Thea kommt mindestens einmal in der Woche zu spät. Dann bringt ihre Großmutter sie zur Schule und erzählt Frau Timm lange Geschichten zur Entschuldigung. Frau Timm seufzt und geht hinaus, um sich die Geschichte von diesmal anzuhören. Kaum ist die Tür hinter ihr zugefallen, da dreht Britta Held sich zu Sandra um, tippt sich an die Stirn und sagt: »Du spinnst! Es gibt doch überhaupt keine Hölle!«

Darüber ist Sandra so verblüfft, dass ihr gewissermaßen die Spucke wegbleibt. »Gibt es doch!«, erwidert sie, weil ihr keine bessere Antwort einfällt. Susi kommt ihr zu Hilfe. »Klar gibt es die Hölle!«, sagt sie. »Tief unten in der Erde. Es ist dunkel und kalt dort. Und es brennt ein großes Feuer.«

»Haha, was für ein Quatsch«, spottet Britta. »Wenn da ein großes Feuer ist, dann kann es ja wohl nicht gleichzeitig dunkel und kalt sein.«

Da hat Britta allerdings Recht. Sandra und Susi sehen einander ratlos an. »Also gut, es ist heiß!«, entscheidet Sandra schließlich. »Höllisch heiß! Und überall laufen kleine Teufel umher und schüren das Feuer.«

»Jawohl!«, bestätigt Susi. »Sie haben Hörner auf dem Kopf und hinten einen Schwanz. Und an einem Bein haben sie keinen Fuß, sondern einen Huf wie ein Pferd. Ich hab' schon mal einen Teufel gesehen!«

»Was?«, ruft Britta. »Wo?« Man hört ihr an, dass sie das nicht glaubt.

»Im Fernsehen«, erklärt Susi. Aber darüber kann Britta nur lachen. »Das ist doch nicht echt. Im Fernsehen ist doch alles nur gespielt.«

Ja, da hat Britta zum zweiten Mal Recht. Susi schweigt verwirrt. Aber Sandra gibt nicht auf. »Meine Großmutter sagt, dass die bösen Menschen nach dem Tod in die Hölle kommen und zur Strafe für ihre Sünden im höllischen Feuer braten müssen«, erzählt sie.

Susi nickt. »Bis in alle Ewigkeit!«

Aber ein anderer aus der Klasse ruft: »Nein! Nur bis alle Sünden herausgebrannt sind!«

»Ja, genau!«, bestätigt Sandra.

Britta verzieht das Gesicht und schüttelt sich. »Igitt! Menschen braten, Sünden herausbrennen! So was Grässliches erzählt dir deine Großmutter? Die guckt wohl zuviel Horrorvideos!«

Die anderen Kinder lachen. Aber Sandra ärgert sich. »Meine Großmutter guckt überhaupt keine Horrorvideos. Nimm das sofort zurück!«, schreit sie und will sich auf Britta stürzen.

Aber da kommt zum Glück Frau Timm wieder herein. Sie schiebt Thea vor sich her zu ihrem Platz. Thea hat ein großes Pflaster auf der

Stirn. Sie schaut kaum auf. Aber es kümmert sich sowieso niemand um sie. Alle sehen zu Britta und Sandra, die erschrocken auseinander fahren. Sandra geht an ihren Platz zurück. Aber bevor sie sich hinsetzt, sagt sie: »Frau Timm, die Britta behauptet, es gibt keine Hölle.«

»Sieh mal an!«, sagt Frau Timm.

Sie wartet, bis es in der Klasse ruhig geworden ist. Dann redet sie weiter: »Natürlich gibt es die Hölle. Und wie! Allerdings ist sie nicht tief unten in der Erde, sondern hier oben bei uns. Sie ist mitten im Leben der Menschen. Überall dort, wo schreckliche Dinge geschehen, wo Krieg oder Krankheit oder Katastrophen über die Menschen hereinbrechen, dort ist Hölle.«

Sandra schweigt.

»Ja, aber die richtige Hölle«, fragt sie dann und deutet mit einer Kopfbewegung nach unten. »Ich meine die Hölle, wo man nach dem Tod hinkommt, wenn man böse war?«

»Darüber wissen wir nichts«, erwidert Frau Timm.

»Es ist noch niemals ein Toter wiedergekommen und hat uns darüber berichtet. Was nach dem Tod kommt, wissen wir nicht. Damit müssen wir uns abfinden.«

»Und das höllische Feuer?«, fragt Sandra. »Und die Teufel?«

Frau Timm lächelt. »So haben sich die Geschichtenschreiber in den alten Geschichten die Hölle vorgestellt. Und die Maler haben's gemalt. Und einer hat's vom anderen abgemalt bis in unsere Zeit. Aber wirklich gesehen hat's kein einziger.«

Sandra macht ein enttäuschtes Gesicht. »Dann ist das alles nur ausgedacht?«

»Weißt du, Sandra«, sagt Frau Timm entschieden, »darüber würde ich mir keinen Kummer machen. Es gibt Hölle genug im wirklichen Leben. Darum muss man sich Kummer machen. Denk nur, wie viele schreckliche Dinge die Menschen einander antun! Wie sie quälen und verraten und enttäuschen.«

Frau Timm lässt ihren Blick über die Klasse wandern und runzelt die Stirn. Das tut sie immer, wenn sie etwas Schwieriges erklären muss.

»Genau genommen«, fährt sie langsam fort, »gibt es nicht eine einzige Hölle, sondern unzählig viele. Einmal hier, einmal da. Und manchmal auch hier mitten unter uns. Begreift ihr das, Kinder?«

Oh ja, das begreifen die Kinder. Hölle, das ist Angst und Verzweiflung und Alleingelassenwerden. Das haben sie selbst schon erlebt. Zum Beispiel Nicole damals, als ihre Eltern sich scheiden ließen und sie am liebsten nicht mehr weiterleben wollte. Oder Andi, als seine Mutter so schwer krank war und er fast verrückt wurde vor Angst, sie würde sterben. Und Sven im letzten Winter, als sein bester Freund vor seinen Augen im Eis einbrach und ertrank. Und er stand am Ufer und konnte ihm nicht helfen.

Ach, das sind schlimme Geschichten, lauter Höllengeschichten. Heute kommt Frau Timm nicht dazu, eine Geschichte zu erzählen. Heute erzählen die Kinder. Und Frau Timm sitzt am Pult und hört zu. Auf einmal hebt Thea den Finger. Thea, die sich nie meldet und nie etwas sagt. Frau Timm ruft sie auf, und da erzählt sie mit stockender Stimme: »Wenn der Vater in der Nacht betrunken nach Hause kommt – und er schlägt die Mutter – und er macht den Fernseher kaputt – und er packt das Kind und schreit es an und schmeißt es weg, dass es an die Heizung fliegt und sich die Stirn aufschlägt – und da weint die Mutter den ganzen Tag – und das Kind hat Angst und kann abends nicht einschlafen, weil es vielleicht gleich wieder losgeht – und dann ist das Kind immer müde und kommt zu spät und kann in der Schule nicht aufpassen – und weiß keine richtigen Antworten – und die anderen Kinder lachen es aus und schubsen es und rufen ihm Sachen nach – da ist das Kind immer traurig – das ist die Hölle.«

Zum Schluss ist Theas Stimme immer leiser geworden. Jetzt hört sie ganz auf zu reden. Sie setzt sich und alle ihre Sommersprossen glühen vor Anstrengung. In der Klasse ist es ganz still. Niemand sagt etwas. Aber alle haben begriffen, dass es Theas eigene Geschichte ist, die sie da erzählt hat. Und Susi, die immer hinter Thea hersingt »Summ-summ-summ, die Thea Trumm ist dumm«, weil sich das so schön reimt, Susi senkt betroffen den Kopf und schämt sich.

Endlich räuspert sich Frau Timm und sagt: »Es gibt viele Arten von Hölle. Aber am traurigsten ist es doch, dass sich die Menschen das Leben gegenseitig zur Hölle machen. Umso mehr sollte jeder von uns mithelfen, dass dort, wo er ist, ein bisschen weniger Hölle ist. Nicht wahr, Susi?« Susi nickt und wird ganz rot. Sie versteht, was Frau Timm meint. Und die anderen verstehen es auch.

Sven meldet sich und sagt: »Wenn man sich nicht auslacht und sich keine bösen Sachen nachruft, dann ist ein bisschen weniger Hölle.«

»Und wenn man nicht petzt«, fügt Andi hinzu und schaut Sandra an.

»Wenn man jemanden tröstet, der traurig ist, dann ist auch ein bisschen weniger Hölle«, erklärt Nicole.

»Und überhaupt«, ruft jemand von hinten, »wenn alle Menschen gut und freundlich zueinander wären, dann – »

»– dann wäre Himmel!«, sagt Britta. »Nicht wahr, Frau Timm?«

Frau Timm lächelt. »Es wäre immerhin ziemlich nahe dran«, antwortet sie. Da klingelt es. Die Stunde ist um. Frau Timm steht vom Pult auf und schickt die Kinder in die Pause. Nachdenklich schaut sie hinter Thea her, die sich scheu an ihr vorbeidrückt. Da berührt jemand sie am Arm. Und als sie sich umwendet, steht Susi da, zeigt ihr einen roten Dauerlutscher und flüstert: »Wissen Sie, was ich damit mache? Ich schenke ihn Thea.«

Und bevor Frau Timm etwas erwidern kann, ist sie schon draußen.

Renate Schupp

3. 40 Tage nach Ostern

Thema: Christi Himmelfahrt.

Hinführung: Manche meinen, Jesus Christus kreist seit seiner Himmelfahrt im Raumschiff um die Erde.
Wie soll er uns dann aber ganz nahe sein?

Vorlesedauer: 5 Minuten

Lena und Jörn kommen aus der Schule gestürmt: »Mami, Mami, morgen ist schulfrei. Hurra, wieder ein Feiertag!«

»Sag mal, Mami, der Feiertag heißt ›Christi Himmelfahrt‹. Klingt ja so, als ob Jesus schnurstracks in den Himmel gefahren wäre wie mit einem Raumschiff.«

»Klingt auch nur so. Wir haben in der Bibel gelesen: Er wurde in den Himmel emporgehoben.«

»Und wie willst du dir das vorstellen?«

»Nun mal langsam, ihr zwei. Vielleicht ist es gut, wenn wir noch einmal darüber nachdenken, wie es damals vor fast 2000 Jahren war, als Jesus gestorben war und sie ihn begraben hatten.«

»Tja, die Freunde, seine Mutter und die Freundinnen waren ganz schön traurig. Das wäre ich auch gewesen.«

»Aber nach drei Tagen, da ist ja etwas Wunderbares passiert. Sie haben Jesus gesehen. Plötzlich war alles anders. Sie haben ihn anders gesehen als früher.«

»Ja, ihr Herz war voller Freude; mit dem Herzen sieht man ja immer am besten.«

»Sie haben ihn angeschaut, zuerst ganz erschrocken und erstaunt. Sie konnten es ja gar nicht glauben. Dann haben sie sich wie doll gefreut.«

»Wir haben auch im Religionsunterricht darüber gesprochen: Gott hat Jesus nicht im Tod gelassen. Der ganze Freundeskreis hat es gesehen, zuerst die Freundin Maria Magdalena.«

»Ja, ihr habt gut aufgepasst. Der Apostel Paulus hat es so gesagt: Gott hat ihn mir zu sehen gegeben, Jesus Christus.«

»Mami, das Tolle war: Jesus hat auch mit ihnen gesprochen.«

»Richtig, und er hat ihnen auch gesagt, dass sie ihn bald nicht mehr sehen würden, dass er dann bei Gott im Himmel ist. Die Evangelisten haben uns das dann auch erzählt. Ich kann mir vorstellen, dass sie gut nachgedacht haben, wie sie es aufschreiben sollten, damit die Menschen es verstehen können. Nun glaubten die Menschen der damaligen Zeit, dass der Himmel oben über den Wolken sei. So sagten sie dann: Er wurde in den Himmel emporgehoben. Wichtig war ihre große Freude: Jesus ist nun bei Gott. Und wir dürfen hoffen, dass wir nach unserem Tod auch ganz nahe bei Gott sein werden.«

»Mami, wo ist dann nun der richtige Himmel?«

»Ich will versuchen, euch zu sagen, wie ich es mir vorstelle: Dort, wo es ganz gut ist, wo ich überhaupt keine Angst mehr habe, wo es keine Krankheit mehr gibt, da ist der Himmel. Wo das Licht strahlender als die Sonne ist, und wo wir in der Nähe Gottes wirklich geborgen sind, da ist für mich der Himmel. Wo und wie das genau ist, finde ich nicht so wichtig.«

»Weißt du das ganz genau? Stellst du dir das vor oder ist es so?«

»Ich glaube, es ist so und vertraue auf Gott, von dessen Liebe zu uns Jesus so viel erzählt hat.«

»Mami?«

»Ja?«

»Dann kann hier bei uns ja auch schon ein bisschen Himmel sein.«

»Wie meinst du das?«

»Ganz einfach! Wenn ich nicht mehr vor lauter Wut Jörns Schulheft beschmiere, oder wenn ich meine türkischen Klassenkameradinnen in Schutz nehme, wenn andere sie extra ärgern, und wenn ich nicht immer maule beim Helfen in der Küche.«

»Hm!«

»Ach ja, und mit meinem Freund Peter zusammen, wenn wir uns so gut verstehen, dann fühl' ich mich wirklich wie im Himmel.«

»Und Mami, dich und Papi, euch hab' ich so schrecklich lieb, das ist auch ein bisschen Himmel.«

»Ja, das stimmt, überall da ist ein Stück Himmel.«

»Wenn ich mir das überlege: das ist eigentlich ein tolles Fest – Christi Himmelfahrt.«

Da sind sich Lena und Jörn wirklich einig.

Hermine König

4. Ich geh euch voraus

Thema:	»Himmelfahrt« Jesu – unsere »Himmelfahrt«.
Hinführung:	Kann das sein, dass dein Vater ganz weit weg ist und doch ganz nah? Das hat etwas mit dem Fest »Christi Himmelfahrt« zu tun.
Vorlesedauer:	11 Minuten

Zuerst begriff der Florian gar nichts. Wie sollte er auch, er war ja erst sieben.

Seit Wochen war der Vater zu Hause, wenn er mittags aus der Schule kam. Florian fand das wunderbar. Sie konnten zusammen essen, der Vater half ihm bei den verflixten Rechenaufgaben, und nachmittags unternahmen sie dann irgendwas Schönes zusammen. Mal gingen sie ins Schwimmbad, mal wanderten sie zum Hirnberg oder zur Greifenburg. Sie angelten im Mühlbach, lagen faul in der Sonne oder schnitzten Pfeifen aus Schilf. Es war wie in den Ferien. Bloß – es waren keine Ferien. Dafür war es noch zu früh im Jahr. Und außerdem hätten sie dann eine Reise unternommen. Aber davon war keine Rede. Der Florian fragte mal vorsichtig beim Abendbrot, aber die Mutter brauste gleich auf und fragte, ob sie jetzt nicht andere Sorgen hätten ... Sorgen hatten sie also, die Eltern.

Das merkte auch Florian. Sie lachten nicht mehr so oft wie früher. Der Vater war leicht zornig zu machen, manchmal mit ganz harmlosen Fragen, wie: »Denkst du, ich könnte zum Geburtstag ein Fahrrad mit Gangschaltung bekommen?« Da machte der Vater ein Gesicht zum Fürchten. Und wieder hieß es, dass er wahrhaftig andere Sorgen hätte. Aber was für welche?

Das erfuhr Florian von seinem Freund Bernhard. Die beiden Väter arbeiteten im selben Zeitungsverlag. Bernhard sagte es ihm in der großen Pause: »Jetzt ist mein Vater auch entlassen worden.«

Florian stutzte. »Du meinst, er kann nicht mehr in die Firma gehen?«
»Nein, natürlich nicht. Er ist arbeitslos, genau wie dein Vater auch.«

Für einen Augenblick dachte Florian, das wäre wunderbar. Arbeitslos – das hieß, er war die Arbeit los. Er konnte zu Hause bleiben, genau wie Florian es sich immer wünschte. Aber Bernhard holte ihn auf den Teppich zurück. Er wusste genauer Bescheid: Die Firma war bankrott, die Zeitung würde nicht mehr erscheinen, und das war schlimm.

In dem kleinen Städtchen an der Mosel gab es für die Menschen nur zwei Möglichkeiten, Arbeit zu finden: der Weinbau oder die Zeitung.

In Florians Vorstellung erschienen sie alle, die jetzt keine Arbeit mehr haben würden. Sein Vater hatte ihn einmal mitgenommen und ihm die Firma gezeigt. Florian war stolz darauf, dass sein Vater einen so wichtigen Beruf mit einem so schwierigen Namen hatte. Er war Metteur. Er bestimmte, wie am Ende die fertige Zeitungsseite aussah, wie groß die Überschriften waren und wo die Bilder hinkamen.

Es gab die Anzeigenannahme mit den netten Telefonistinnen. Florian erinnerte sich an die Redakteure, die die Artikel verfassten, und an die Sekretärinnen, die sie abschrieben. Es gab die Setzer, die mit ihren riesigen schwarzen Maschinen die Buchstaben und Zeilen in Blei gossen. Es gab die Drucker an der ohrenbetäubend lauten Rotationsmaschine. Auch die Packerinnen in der Versandabteilung, die vielen Zeitungsausträger und die Putzfrauen, sie alle hatten jetzt keine Arbeit mehr.

Das alles dämmerte dem Florian allmählich. Und dann hätten sie auch kein Geld mehr, kein Geld für Urlaub, kein Geld für Fahrräder mit Gangschaltung und bald vielleicht auch kein Geld mehr fürs Essen. Bei diesem Punkt angekommen, wurde dem Florian angst und bange.

Zu Hause stellte er fest, dass trotz der bedrohlichen Lage ein würziger Duft aus der Küche drang. So schlimm war es also noch nicht. Er atmete auf, aber sein Appetit war merklich gedämpft. Nach den Hausaufgaben schlug Florian vor, an den Bach zum Angeln zu gehen. Nach dem Regen heute Morgen müssten die Fische doch beißen. Der Vater war einverstanden. Sie packten ihr Gerät zusammen. Die Mutter steckte ihnen noch zwei Brote und zwei Äpfel in die Tasche und band dem protestierenden Florian einen Schal um.

An ihrem Stammplatz angekommen, präparierte der Vater die Angeln und die beiden warfen sie mit einem gemeinsamen Schwung weit aus. Dann hatten sie Zeit. In Florians Kopf entstanden vier unterschiedliche Formulierungen für die einfache Frage: »Stimmt es, Papi, dass du arbeitslos bist?« Noch bevor er sich für eine der vier Möglichkeiten entschließen konnte, kam ihm der Vater zuvor. Er erzählte ihm alles.

Er erzählte, dass die Zeitung nicht mehr gedruckt würde, dass die Firma sich auflöste, dass all die Leute, die dort schon seit vielen Jahren arbeiteten, jetzt nicht wussten, wie es weitergehen sollte. Das war dem Florian ja schon bekannt. Aber etwas anderes wusste er noch nicht. Sein Vater hatte in den letzten Wochen Bewerbungsbriefe mit Zeugnissen, Lebenslauf und Passbild an viele Druckereien und Verlage in der näheren und weiteren Umgebung geschickt. Genau dreiundzwanzig Briefe waren es bis heute. Und genau zweiundzwanzig Antworten hatte er bekommen. Es war immer ein dicker Umschlag gewesen, weil darin die Bewerbungsunterlagen zurückgeschickt wurden. Und in all diesen Briefen stand das gleiche: Wir brauchen keinen Metteur.

»Jetzt sag mal selbst, Flori, was kann ich noch machen?« Das wusste der Florian natürlich auch nicht.

Es war an einem Freitag. Florian warf seinen Schulranzen in die Dielenecke und schnupperte ungläubig: Es roch nach Rinderbraten. Wieso das, am Freitag? In der Stube war der Tisch weiß gedeckt, das gute Porzellan, Weingläser, Kerzen und Blumen standen darauf. Die Mutter empfing ihn mit einem kräftigen Kuss und lachte mit all ihren Grübchen. Der Vater entkorkte gerade eine von Opas kostbaren alten Rotweinflaschen.

Florian verstand die Welt nicht mehr. Mussten sie etwa nicht sparen? Wieso diese Verschwendung an einem einfachen Werktag? Noch vor der Suppe klärte sich das Rätsel. An Vaters Weinglas lehnte ein Brief. Es war der dreiundzwanzigste, der fehlende, der kostbare, einzige, herrliche, ganz flache Brief. Er enthielt keine Unterlagen, die mit Dank zurückgeschickt wurden. Nein, die Firma schrieb, dass sie dringend einen Metteur brauchte. Der Vater sollte schon am Montag anfangen. Wenn das kein Grund für eine Feier war! Die Eltern waren so übermütig wie Kinder in der großen Pause. Sie lachten und erzählten und stießen mit dem kostbaren dunkelroten Wein an. Florians Mutter glühte schon nach dem ersten Glas wie eine Pfingstrose. Zum Nachtisch gab es Schokoladenpudding mit Vanillesoße. Florian musste den Gürtel seiner Hose um zwei Löcher verstellen. Zum Nachtisch gab es aber auch eine bittere Pille.

Die Firma, die den Vater einstellte, war eine große Druckerei in Nürnberg. Und das war für Florian fast am Ende der Welt. Sein Vater beschrieb ihm die Stadt: Sie liegt auf einem Berg. Eine Burg – ein Schloss wie aus dem Märchen – schaut über die winkligen Gassen und Straßen, die stolzen alten Häuser und den sich teilenden Fluss. Es gibt mächtige Tore, herrliche Plätze und Brunnen, und umgeben ist die Stadt von ausgedehnten Wäldern. Aber der Vater würde allein dorthin fahren, jedenfalls zunächst. Florian schluckte, aber das musste er doch einsehen. So rasch konnte keine Wohnung gefunden, gemietet und eingerichtet werden. Und der Vater versprach, eine besonders schöne Wohnung zu suchen, eine mit Garten und großem Kinderzimmer, ganz in der Nähe von Wasser und Wald. Am Sonntag brachten sie den Vater zum Bahnhof. Die großen Koffer waren schon aufgegeben worden. Florian ließ sich nicht daran hindern, die Reisetasche zu schleppen.

Als der Zug einlief, drückte der Vater ihn ganz fest an sich und sagte: »Nicht vergessen, Flori, ich gehe nur voraus. Bald werden wir wieder alle zusammen sein.« Er umarmte die Mutter, bei der heute kein einziges Grübchen zu sehen war. Die Türen knallten, ein Pfiff – und der Zug rollte. Die beiden Zurückgebliebenen schauten ihm lange nach. Die Mutter winkte mit ihrem feuchten Taschentuch, und Florian, der mal wieder keins mithatte, schwenkte seine Jacke wie eine Fahne hin und her.

Zu Hause war es kahl geworden. Vaters Schrankhälfte war leer, ebenso sein Schreibtisch und das Regal darüber. An der Garderobe fehlte sein Mantel und bei Tisch saß niemand auf seinem Platz. Der Vater war weit weg und doch bei ihnen. Er war in ihren Gedanken und Gesprächen, sie lasen seine Briefe und erzählten von ihm. Ihretwegen war er ja fortgegangen, um für sie zu sorgen. Florian malte sich die Wunder der Stadt auf dem Berg aus, der Stadt, in der sein Vater schon auf ihn wartete.

Die Zeit dehnte sich unabsehbar lange. Sie wussten nicht, wann der Vater kommen und sie in die neue Heimat holen würde, aber dass er sie holen würde, daran hatte der Florian nicht den geringsten Zweifel.

Vor dem Fest Christi Himmelfahrt erklärte der Kaplan den Kindern im Religionsunterricht, dass Christus nicht von uns gegangen ist, sondern bei uns bleibt, für uns da ist, dass er nur vorausging, um uns eine Wohnung zu bereiten.

Und er, Florian, war der einzige in der Klasse, der das ganz und gar verstand.

Renate Günzel-Horatz

IV. Pfingsten: Fest der offenen Türen

Wie die Fastenzeit auf Ostern vorbereiten will, so ist das Pfingstfest die Vollendung von Ostern. Hätte der Heilige Geist die Jünger nicht von ihrer Angst befreit, wären Ostern und Weihnachten und alles vergessen. Darum ist Pfingsten auch der »Geburtstag« der Kirche.

1. Von der Pusteblume

Thema: Der Wind, der Heilige Geist, trieb die Jünger in alle Welt hinaus.

Hinführung: In der Natur gibt es tolle Blumen, die können sich verwandeln. Da kannst du nur staunen. Die können sogar etwas über das Fest »Pfingsten« verraten.

Vorlesedauer: 2 1/2 Minuten

Tina, die jetzt ins 1. Schuljahr geht, denkt gerne an den Kindergarten zurück. Einmal hat sie auch erzählt, wie das mit Pfingsten war: Frau N.N. (jetzt eine Bezugsperson nennen: Erzieherin, Pfarrer, Vikar) brachte einmal eine Pusteblume mit in die Gruppe. Sie rief schon an der Tür: »Vorsicht. Kein Windstoß! Ich möchte euch doch ein Geheimnis verraten.«

Als wir alle im Kreis saßen, wollte sie wissen: »Wie sieht diese Blume aus, wenn sie blüht?« Das war ja zum Lachen: »Knallgelb, Löwenzahn«, wussten die Großen unter uns sofort. Frau N.N. lächelte: »Ist das nicht toll? Erst die Blüte und dann so ein Wunder – wie über Nacht! Schaut mal, wie eng die kleinen Fallschirme beisammen hocken. Als hätten sie Angst. – So war das auch mit den Freunden von Jesus. Zuerst hatten sie sich über Jesus gefreut, als er von den Toten auferstanden war. Sie freuten sich über Jesus wie über eine schöne Blüte. Jetzt konnte es endlich losgehen mit dem Reich Gottes, von dem Jesus schon so oft geredet hatte und von dem sie träumten. Sie sahen sich schon als Minister, die andere kommandieren dürfen! Aber dann war Jesus zu seinem Vater zurückgekehrt. Er war unsichtbar. Über Nacht war die schöne Blüte verwelkt. Jetzt hockten sie ängstlich zusammen und hatten die Türen verschlossen.

Da trat Jesus plötzlich mitten unter sie, hauchte (das »hauchen« richtig hauchen!) sie an und sagte: ›Empfangt Heiligen Geist!‹ Wisst ihr, was passiert, wenn ich jetzt die Pusteblume anhauche? Ja, die Schirmchen konnten sich nicht mehr halten und flogen davon. So war das auch damals. Die Jünger kamen aus ihrem Versteck heraus. Weil sie bald verfolgt wurden, flohen sie in alle Welt hinaus. Dabei hatten sie den Wind von Jesus im Rücken.

Überall, wo sie hinkamen, erzählten sie: ›Gott liebt euch. In Jesus hat er uns diese Liebe gezeigt.‹ So hat der Heilige Geist, der Wind Gottes, sie in alle Welt getrieben. Bald wusste die damals bekannte Welt von Jesus und seinen guten Worten. Das feiern wir an Pfingsten!«

2. Der Wind trieb die Jünger voran

Thema: Pfingsten. Die Botschaft breitet sich aus.

Hinführung: Wenn du Fahrrad fährst, kommst du mit dem Wind im Rücken viel leichter vorwärts.

Vorlesedauer: 2 $^1/_2$ Minuten

Tina, die jetzt ins 1. Schuljahr geht, hat noch eine Menge aus dem Kindergarten behalten. Manchmal erzählt sie davon:

Einmal kam Frau N.N. (Bezugsperson nennen: Leiterin der Einrichtung etc.) und stellte ein Planschbecken in unseren Kreis. Da war schon Wasser eingefüllt. Und sie brachte noch etwas mit: kleine Segelboote. Sie setzte dann eines aufs Wasser und sagte: »Ohne Wind liegt das Schiffchen auch morgen noch an derselben Stelle. Dann kniete sie sich hin und pustete das Schiff ein wenig an. Da setzte es sich sofort in Bewegung. »Seht ihr«, sagte sie, »ein wenig Wind und gleich geht's voran!«

Sie setzte sich wieder: »So war das auch an Pfingsten. Die Jünger, die meisten von ihnen waren Fischer, hatten Angst. Sie hatten ihre Boote gar nicht mehr bestiegen, sondern sich eingeschlossen. So konnte das doch nicht weitergehen! Da kam der Windstoß des Heiligen Geistes, der Rückenwind Jesu und des Vaters, und schob sie an. Sie brauchten gar nicht viel zu tun: Nur das Segel in den Wind halten.«

Frau N.N. beugte sich vor und sagte geheimnisvoll: »Jetzt brauche ich ein paar Kinder, die setzen noch ein paar Boote aufs Wasser. Und dann brauche ich Kinder, die kräftig blasen, damit die Boote auch herumsausen können.« Die Kinder waren schnell gefunden. Aber oh weh: Einige pusteten so kräftig, dass ein paar Schiffe kenterten und andere wie irre gegen die Wand des Beckens klatschten. »Das war ja ein Orkan!«, lachte Frau N.N., »so ist es den Jüngern auch manchmal ergangen. Es gibt den guten und den bösen Wind. Das merkt ihr ja manchmal: Einen, der euch vorantreibt und einen, der euch ins Gesicht bläst. Der Wind des Heiligen Geistes ist immer der Wind, der uns und anderen im Rücken steht und nicht untergehen lässt.«

3. Als der Wind kam

Thema: Pfingsten: der Wind Gottes erfasste die Jünger in ihrer Angst.
Hinführung: Heute erzähle ich von einem ängstlichen Schmetterling und wie er die Angst überwand.
Vorlesedauer: 2 Minuten

Einmal ist ein Schmetterling aus einem Loch in der Mauer gekrochen, ein ganz neuer Schmetterling. Er hatte wunderschöne bunte Flügel, aber ist nicht fortgeflogen, er ist auf der Mauer sitzen geblieben. Die anderen Schmetterlinge sind an ihm vorbeigeflogen, der Wind hat sie getragen, und sie haben sich Honig von den Blumen geholt.

Aber der neue Schmetterling hatte Angst vor dem Fliegen. Die Bienen sind um ihn herum gesummt, die Mücken haben um ihn herum getanzt, und die dicke Hummel ist über ihm durch die Luft gebrummt.

Aber der neue Schmetterling hatte immer noch Angst vor dem Fliegen. Seine schönen Flügel haben gezittert, er hat die Fühler an seinem Kopf weit ausgestreckt, und mit den Beinen hat er sich an der Mauer festgehalten. Aber da ist der Wind gekommen. Er hat den schönen, neuen Schmetterling einfach aufgehoben und hoch in die Luft getragen. Da musste der Schmetterling fliegen, da konnte er auf einmal fliegen und da wollte er nur noch fliegen und fliegen, so herrlich war das!

Ursula Wölfel

So trug auch der Wind Gottes am Pfingstfest die Jünger aus dem Haus, in dem sie sich versteckt hatten, in alle Welt hinaus.

1. Von den Geistern zum Heiligen Geist

Thema:	Wer oder was ist der »Geist« Gottes?
Hinführung:	Auch Erwachsene können oft wenig mit dem »Geist« Gottes anfangen. Nach der Geschichte könnt ihr mitreden!
Vorlesedauer:	5 Minuten

Der letzte Schultag vor dem Pfingstfest! Morgens kommt Monikas Lehrerin und sagt: »Gestern Abend habe ich das Wort ›Geist‹ gelesen. In welchem Zusammenhang stand das wohl? Das könnt ihr erraten!«

Ulrike ist, wie immer, sofort mit dem Finger oben und sagt: »In einer Jugendherberge habe ich mir in der Nacht einmal ein Betttuch übergehängt, die brennende Taschenlampe verkehrt in den Mund gesteckt, mit den Armen so wie ein Gespenst gewackelt und ›Hu, Hu‹ gemacht, da war ich ein Geist!« Alles lacht.

Eleonore meldet sich: »Ich habe mal ein Märchen vom Geist in der Flasche gelesen, der war ganz gewaltig und mächtig außerhalb der Flasche, aber der passte auch in die kleine Flasche.« Die Lehrerin steht unbeweglich.

Petra meldet sich: »Letzte Woche habe ich im Karl May gelesen, wie Winnetou gestorben ist. Mir haben die Tränen richtig in den Augen gestanden. – Bevor Winnetou starb, sagte er so ungefähr: ›Nun werde ich in das Reich Manitus, des großen Geistes, gehen. Ihr braucht nicht traurig zu sein, da bin ich gut aufgehoben.‹«

»Du kommst der Sache schon näher«, sagt die Lehrerin.

Die ganze Zeit hat schon Gaby aufgezeigt: »Im Himmel gibt es Geister, die Engel, die haben keinen Leib!«

»Wie«, ruft Helga in die Klasse, »haben die den Kopf sofort auf den Füßen?« Die halbe Klasse lacht.

Die Lehrerin sagt: »Du warst nicht gefragt. – Aber auch diese Geister meine ich nicht!« Keiner zeigt mehr auf. »Denkt doch mal nach! Zwei Tage vor Pfingsten!«

»Ach«, macht die halbe Klasse, »der Heilige Geist.«

»Gestern Abend habe ich gelesen«, und die Lehrerin schaut dabei auf Susi, die nicht aufpasst, »wie Jesus nach seiner Auferstehung die Jünger anhaucht und spricht: ›Empfangt heiligen Atem, Heiligen Geist.‹ Ich glaube, das ist ein gutes Bild, um uns klarzumachen, wer der Heilige Geist ist und was er wirkt.«

Marion meldet sich stürmisch: »In der Taufe wurden wir früher vom Priester auch angehaucht, und er hat dabei so etwas Ähnliches gesagt wie: ›Jetzt kommt der Heilige Geist zu uns.‹ Hat mir mein Opa einmal erzählt.«

»Richtig«, fährt die Lehrerin fort, »der Atem ist ein Zeichen für das Leben. Als meine Mutter zum Sterben kam und wir nicht genau wussten, ob sie bereits tot war, hat ihr einer eine Flaumfeder vor den Mund gehalten. Sie bewegte sich und da wussten wir, unsere Mutter lebt noch.«

Eine ganze Reihe Finger gehen in die Höhe. Auch der von Monika ist dabei. Zuerst kommt Helga dran. »Ich habe diese Woche einen Marienkäfer gefunden, morgens, als es noch kalt war. Er war ganz steif. Er lag wie tot. Da hab ich ihn auf die Hand gelegt, ihn angehaucht und so gewärmt. Da bewegte er erst ein Bein, schließlich kroch er, pumpte Luft und flog fort. So wurde er aus der Steifheit lebendig. So ähnlich wird das auch der Heilige Geist in uns machen.«

»Mein Vater«, sagt Monika, »hat im Winter einmal Holz klein geschlagen. Und wenn ihm die Hände zu kalt wurden, hat er sie angehaucht und sie in dieser Wärme gerieben.«

Die Susi will unbedingt drankommen: »Im Winter waren oft nach einer kalten Nacht richtige Eisblumen an den Fenstern. Hat mir mal einer erzählt. Wenn man dann darauf hauchte, taute das Eis auf, und die Scheibe wurde wieder durchsichtig.«

»Das ist ein sehr schönes Bild dafür, wie der Atem des Heiligen Geistes das Eis der Kälte in manchen Menschen auftauen will, bis sie wieder freier atmen können«, sagt die Lehrerin.

»Meine Mutter hat mir einmal erzählt, oft wäre ich, als ich noch kleiner war, in der Nacht wach geworden und hätte geweint. Dann wäre sie zu mir gegangen, und wenn sie sich nur über mich geneigt hätte, wäre ich schon wieder ruhig gewesen. Ich hätte eben durch den warmen Hauch gespürt, dass sie ganz nahe bei mir ist.«

Die Lehrerin schaute über die Klasse: »Jetzt wisst ihr also, was wir an Pfingsten feiern: Gott ist bei mir, über mir und in mir. Er will mir die Angst nehmen. In seinem Rückenwind kann ich viel mehr wagen!«

2. Jakob erwischt den Heiligen Geist

Thema: Gottes Geist weht, wo er will.

Hinführung: Kann man den Heiligen Geist heute noch spüren, den Geist Jesu? Jakob hat ihn im letzten Moment erwischt!

Vorlesedauer: 4 Minuten

Die Religionslehrerin erzählt den Schülern, wie Jesus den Heiligen Geist mit dem Sturmwind verglichen hat. »Er weht, wo er will.«

»Ja dann«, sagt Jakob, »dann ist der Mensch vor Überraschungen nie sicher.«

»Nie«, sagt die Lehrerin.

Jakob stellt sich vor, wie er den Heiligen Geist gerade beim Wehen erwischt. Wenn ich genau Acht gebe, denkt er, erwische ich ihn bestimmt ... Jakob gibt Acht. Er spitzt die Ohren, er schärft den Blick. Er hört, wie der Schuldiener über den Direktor brummt und wie die Sekretärin dazu nickt.

Wenn du jetzt hier wehen tätest, Heiliger Geist, denkt Jakob, dann würde einer der beiden auch etwas Freundliches über den Direktor sagen, zum Beispiel, dass er sich mit den Schülern so gut versteht ...

Aber der Schuldiener brummt weiter und die Sekretärin nickt wie die Gretl im Kasperltheater. Jakob sieht, wie die Susi dem Rudi die Zunge zeigt. Wenn du jetzt wehen tätest, denkt Jakob, würde der Rudi irgendetwas Lustiges sagen, zum Beispiel »Brav, Mädchen, und jetzt sag noch schön Aaahh zum Onkel Doktor«, und Susi würde lachen müssen ... Aber der Rudi macht ein böses Gesicht und schreit »Blöde Ziege«, und Susi sagt: »Immer muss er einen beschimpfen, dieser blöde Rudi!«

Jakob gibt auch auf dem Heimweg Acht. Er sieht, wie ein eiliges Mädchen eine alte Frau anrempelt und weiterrennt, ohne sich zu entschuldigen, und er hört, wie die Frau über die »Fratzen, die ungebildeten« schimpft. Er sieht wie einem Mann, der Äpfel gekauft hat, die Nylontasche reißt, so dass er nicht mehr weiß, wie er die Äpfel tragen soll, und Jakob sieht eine Frau mit einem leeren Korb vorübergehen, und in dem Korb liegen zwei Nylonsäcke, schön gefaltet. Vielleicht, denkt Jakob, würdest du gern hier wehen, aber sie lassen dich nicht. Aber warte, ich erwisch' dich noch, Heiliger Geist!

Als Jakob daheim die Wohnungstüre öffnet, riecht er sogleich, dass die Mutter Apfelstrudel gebacken hat. »Wir haben Besuch«, sagt die Mutter und zwinkert Jakob zu. Aus der Küche hört er Tante Erikas Stimme. »Oje«, sagt Jakob. »Ojeojeoje!«

Die Mutter legt warnend die Finger auf die Lippen, aber es ist schon zu spät für die Warnung. Die Tante steckt den Kopf aus der Küche. »Wieso ojeoje?«, fragt sie. »Das klingt ja, als wäre ich ein mittleres Schreckgespenst?« Sie lacht, und Jakob holt Atem und sagt: »Ich habe geglaubt, jetzt darf ich nicht Musik hören, weil du da bist.«

»Von mir aus kannst du Musik hören, so viel du willst«, sagt Tante Erika. »Ich will sowieso nur mit deiner Mutter in der Küche sitzen und ratschen.«

Später, nach drei Apfelstrudel und viel Musik fällt Jakob ein, dass die Tante Erika gar nicht so übel ist. Sie hätte ja auch beleidigt sein können. Dann hätte die Mutter Grund gehabt, mit Jakob zu schimpfen. Heiliger Geist, denkt Jakob, siehst du, jetzt hab' ich dich doch noch erwischt.

Lene Mayer-Skumanz

3. Von kantigen Herzen

Thema:	Der Heilige Geist kann Herzen verändern.
Hinführung:	An einer Kante kann man sich schlimm stoßen. Aber das ist äußerlich. Viel schlimmer ist es, wenn du auf ein kantiges Herz stößt.
Vorlesedauer:	7 1/2 Minuten

Kennt ihr das Land, wo die kleinen kantigen Herzen wohnen? Es ist nicht einmal so weit weg von hier. Manchmal ist es mitten unter uns.

Im Land der kleinen kantigen Herzen, da herrscht ein ganz besonderer Geist. Alles ist auf seine Weise eckig, kantig, zackig, hart und streng. So haben auch die Namen der kleinen kantigen Herzen einen ganz besonderen Klang. Sie heißen Kanto und Eckto, Steinhart, Eckhart, Knallhart, Zacka, Picka oder Zickzack, Eckab. Und wenn sie miteinander reden, dann klingt das so: »Zickzack aus dem Weg, jetzt komme ich!«

»Wird's bald, zackzack, her mit dem Rucksack!«

»Gib schon! Mach schon! Allez hopp, keine Zeit für Gefühle!«

»Achtung, hauruck und Schluss jetzt!«

»Schnell, schnell, schnell ab, Zeit knapp!«

»Na, wo hängt's denn? Sag schon! Red schon, aber im Befehlston!«

Sicher könnt ihr euch gut vorstellen, wie ungemütlich es bei den kleinen kantigen Herzen zugeht. Deshalb haben sie auch, obwohl sie doch lebendige Herzen sind, ein recht mürrisches Gesicht. Und weil sie solche harten, scharfen Kanten haben, deshalb müssen sie sich nach ganz strengen Regeln und Vorschriften bewegen, damit sie sich nur ja nicht zu nahe kommen oder sich gar berühren. Denn wenn zwei harte, kantige Herzen aufeinander stoßen, dann gibt es immer ein schlimmes Unglück, und es geht nie ohne Verletzungen ab. Stellt euch vor: Manchmal verletzen sie sich so schlimm, dass so ein kleines Herz daran stirbt! Ich möchte gar nicht wissen, wie viele so schon ihr Leben lassen mussten!

Dabei: Wäre es nicht viel schöner, wenn sie nicht so hart und kantig wären, sondern kuschelrund, ohne Ecken und Kanten? Und ohne Verletzungsgefahr? Aber weil sie sich nie die Zeit nehmen, darüber nachzudenken, deshalb finden sie sich ganz gut so und bleiben, was sie sind: kleine kantige Herzen.

Hin und wieder kommt es vor, dass aus dem harten, kantigen Land kleine Herzen verschwinden. Plötzlich sind sie weg, außer Landes, sozusagen in einer anderen Welt! Und noch nie ist eins von da zurückgekommen, bis ... eines schönen kantigen Tages:

Mitten im härtesten Treiben – es war gerade Stoßzeit – stand plötzlich auf einem eckigen, kantigen Sockel in der Mitte des kantigen Marktplatzes – ihr werdet es kaum für möglich halten! – ein kleines rundes Herz ohne Ecken und Kanten. Selbst die Spitze, die ja bei richtigen Herzen nach unten zeigt, war schön abgerundet. Das erste kantige Herz, das im Markttreiben an dem Sockel aneckte, blieb verwundert stehen, schaute auf das kleine runde Herz und kriegte vor lauter Staunen den Mund nicht mehr zu. »Potzblitz und Hutab! Wie siehst denn du aus? Allez hopp, sag schon, wo kommst du her? Wo sind deine Ecken und Kanten, Zickzack, Eckab? Und wie heißt du, schnell, schnell!?«

»Langsam, langsam, mein Freund! Schön der Reihe nach, nicht so ungeduldig«, antwortete das kleine runde Herz mit weicher, beruhigender und warmer Stimme. »Meine Freunde nennen mich Kuschelrund! Da wo ich herkomme, sehen alle so aus wie ich.«

Inzwischen standen noch mehr kleine kantige Herzen staunend um den Sockel herum. »Woher, woher, sag schon, red schon, wo ist dein Land?!«

»Unser Land ist gar nicht weit von hier. Ihr habt es nur noch nicht entdeckt, ihr habt keinen Sinn und keine Zeit dafür. Ihr findet euch gut so, wie ihr seid. Obwohl ihr euch doch mit euren scharfen Ecken und Kanten immer wieder gegenseitig verletzt und stoßt oder gar tötet! Ich komme aus dem Lebensreich, da ist alles rund und weich. Als ich dahin kam, da war ich genauso ein hartes, eckiges, kantiges Herz wie ihr.

Aber im Lebensreich herrscht ein ganz anderer Geist! Da weht ein starker warmer Wind mit Namen ›Liebe‹. Erst hat er mir die Sprache verschlagen, dann hat er sich an meinen Ecken und Kanten gerieben. Und mit der Zeit musste ich meine Ecken und Kanten lassen. Der warme Wind mit Namen ›Liebe‹ hat sie kuschelrund gerieben. Das war nicht immer einfach, manchmal hat es auch wehgetan. Aber als ich den Mund wieder öffnen konnte, da war meine Sprache eine ganz andere geworden. Meine Worte waren ruhig, geduldig, zärtlich und warm, nicht mehr hart und streng wie vorher. Und das Schönste war doch dies:

Ich war offen für andere, konnte auf sie zugehen und ihnen ganz nahe kommen. Und weil wir im Lebensreich alle rund und weich sind, tun die Berührungen auch nicht weh. Im Gegenteil! Wir sind gern zusammen und fühlen uns wohl dabei. Der warme Wind der Liebe hat andere Herzen aus uns gemacht!«

»Potzblitz, Eckab, schön ist das!«, rief plötzlich eines der kleinen kantigen Herzen aus der Menge.

»Dann komm doch mit mir, gib dein hartes, kantiges Leben auf, und folge mir im Namen der Liebe ins Lebensreich!«

»Wir auch, nix wie weg! Fort, ab ins Lebensreich, aber gleich! Schluss mit den Ecken, weg mit den Kanten! Wir werden rund und weich im kuscheligen Lebensreich!«, riefen auch andere kleine kantige Herzen ganz ungeduldig.

Das kleine runde Herz Kuschelrund zögerte auch nicht lange, denn wenn man Herzen für den warmen Wind der Liebe gewonnen hat, dann ist Zögern fehl am Platz. Es hüpfte von seinem Sockel runter, nahm das erste kantige Herzchen vorsichtig bei der Hand – denn noch waren sie ja nicht ungefährlich – und machte sich auf den Weg. Andere hängten sich einfach an. Und genauso behutsam, aber entschlossen und zielstrebig, eilten sie dem Lebensreich entgegen, wo der starke, warme Wind mit Namen ›Liebe‹ ihnen neues Leben geben wird.

Viele aber blieben eckig, kantig, trotzig und streng zurück und wollten gar nicht einsehen, was sie auf wunderbare Weise gehört und gesehen hatten. Und wenn sie nicht gestorben sind, die kleinen kantigen Herzen, dann stoßen sie sich heute noch.

4. Die Löwenzahnpredigt des Franziskus

Thema: Himmelfahrt und Pfingsten mit neuen Augen sehen.

Hinführung: Der Löwenzahn ist eine besondere Blume. Der heilige Franz von Assisi hat sogar eine Predigt über sie gehalten. Würde euch auch etwas Besonderes zu dieser Blume einfallen? (SchülerInnen zu Wort kommen lassen.)

Vorlesedauer: 6 Minuten

Eines Morgens am Himmelfahrtstag kam Bruder Franz auf seiner Wanderung an einer kleinen Kapelle vorbei. Darin saßen die Menschen des Dorfes und klagten: »Siehe, so arm sind wir, dass selbst das Wort Gottes uns verlassen hat. Weder haben wir ein Buch der heiligen Schrift, noch jemanden, der es uns auslegt. So müssen wir hier im Finstern sitzen und unsere Einsamkeit bejammern.«

Franziskus aber sprach: »Brüder und Schwestern, steht auf und kommt mit mir hinaus. Denn der Herr, euer Gott, lässt vor euren Augen ein Gleichnis wachsen, das spricht für sich selber, ihr müsst es nur sehen.«

Da standen sie auf und folgten Franziskus hinaus in die Sonne, die gerade über den Hügel stieg. Und sie setzten sich ihm zu Füßen auf die Wiese. Die hatten sie voller Ungeduld viel zu früh gemäht dieses Jahr. Da lagen all die Knospen und Blüten geköpft und die Traurigkeit der Gräser glich der ihrer Bauern.

Am Wegrand aber blühte der Löwenzahn. Und Franziskus sprach: »Warum nennt ihr euch arm und einsam? Habt ihr nicht allezeit den Löwenzahn bei euch, der doch ein Gleichnis unseres Gottes ist? Seht ihr nicht, dass er blüht wie die Sonne, die in ihrem Aufgang ein Bild ist des kommenden Herrn? Verachtet ihr etwa den Löwenzahn, der doch überall zu blühen weiß, wie jene unseren Herrn Jesus verachteten, der mit allen zu feiern wusste und auch das Haus der Sünder betrat? Ach, dass ihr lernen könntet von dieser Blume: Steht sie auf fettem Acker, so freut sie sich und dankt ihrem Schöpfer für die Fettigkeit des Bodens. Wächst sie aber auf karger Erde zwischen Stein und Geröll, so freut sie sich, dass sie zu leben vermag, wo andere nicht gedeihen. Und wo immer sie steht, spricht sie nie von sich selber, sondern kündet allen vom ewigen Frühling.«

Da sprachen die Menschen: »Erkläre uns das, wir verstehen es nicht. Wie kündet die Blume vom ewigen Frühling?« Und Franziskus freute sich, dass sie den Löwenzahn eine Blume nannten, und fuhr fort: »Durch und durch ist der Löwenzahn eine Blume des Lebens. Ihr sagt, ihr seid hungrig? Der Löwenzahn lässt sich von euch verspeisen. Seine Blätter sind Salat, seine Wurzeln Gewürz, und aus seinen Blüten könnt ihr einen Wein gären, der euch träumen lässt. Die Bitterkeit der Blätter und Wurzeln wird euren Magen heilen und die Süße des Weines eure Seele. Was also stecht ihr nach dem, der sich für euer Heil selbst hingibt?«

Da zuckten die Menschen ein wenig zusammen, denn sie wussten wohl, wie er's meinte.

Franziskus aber fuhr fort: »Dies aber ist das Wichtigste: Wie sehr ihr auch versucht habt, den Löwenzahn auszurotten, es ist euch nicht gelungen. Ihr habt seine Blüte mit der Sense geschlagen? Es ist eine neue gewachsen. Ihr habt die Pflanze aus der Erde gerissen? Seht, die Wurzel ist stecken geblieben und treibt aufs Neue. Ihr habt mit dem Spaten in die Tiefe gestochen? Der Löwenzahn segnet euch noch, wenn er stirbt.«

Und wieder sprachen die Menschen: »Erkläre uns das, wir verstehen es nicht.«

Da nahm Franziskus eine reife Blüte und sprach: »Seht nur, noch wenn er geknickt ist und abgerissen, wandelt er sich doch.«

Und Franziskus hob in die Höhe, dass alle sehen konnten, was die Kinder eine Pusteblume nennen, und sprach: »Nehmt das als Zeichen, dass Gott euch nicht im Stich lässt, selbst wenn ihr ihn geschlagen habt. Dass er bei euch bleibt, selbst wenn ihr ihn verjagt habt. Dass er lebt, selbst nachdem ihr ihn getötet.«

Und Franziskus blies ihnen die Samen in die erstaunten Gesichter, und die Pusteblume machte sich mit vielen kleinen Fallschirmen auf den Weg zu den Menschen, schwebte langsam herunter und versank zwischen den Gräsern.

Franziskus aber sprach zu ihnen: »Ihr sollt nicht gering schätzen, was Gott euch gegeben hat. Und ihr sollt wissen, dass er allezeit bei euch ist. So wie der Same dieser Blume, der in die Erde fällt, damit er neu aufgehen kann wie die Sonne.

Am Himmelfahrtstag wird der Löwenzahn zur Pusteblume. Am Himmelfahrtstag schickt der Herr seinen Wind über die Wiesen. Am Himmelfahrtstag erzählt der Wind von einem anderen Wehen, das ihm bald folgen wird. Aber davon erzähle ich euch ein anderes Mal.«

Und damit erhob sich Bruder Franz und ging seines Weges, versprach ihnen aber wiederzukommen, wenn sie das Pfingstfest feierten.

Siegfried Macht

Und was geschah dann an Pfingsten?

5. Der Telefonstreich

Thema: Ein Sprachenwunder wie an Pfingsten: Das Böse wird ins Gute verkehrt.

Hinführung: Manchmal werden böse Streiche ausgeheckt. Aber Gott kann auf krummen Zeilen gerade schreiben!

Vorlesedauer: 5 Minuten

»Schindler, Hedwig, 510873«. Sabine fuhr mit dem Finger im Telefonbuch die Spalten rauf und runter. Bei Schindler, Hedwig, blieb sie stehen. Langsam sprach sie die Telefonnummer. Und da war auch noch Tanja. Tanja saß ihr gegenüber in einem Sessel. Sie hatte das Telefon auf den Knien und wählte die Nummer. Fünf, eins, null, acht, sieben, drei. Nach einigem Rattern und Knacken kam das lang gezogene Tuten aus der Hörmuschel. Der Anschluss 510873 war frei. Beide

Mädchen drängten ihre Ohren dichter an den Telefonhörer. Nur mühsam konnten sie ein Kichern unterdrücken.

Auch heute machte es ihnen wieder riesigen Spaß, die Leute zu veralbern. Einfach eine Telefonnummer wählen, dem Angerufenen irgendetwas Albernes sagen und schnell wieder auflegen. Warum dauerte es nur bei dieser Nummer so lange, bis sich jemand meldete? Schindler, Hedwig. Wird wohl 'ne alte Oma sein? Wer Hedwig heißt, kann nur alt sein. Na, Oma, mach schon!

»Ja, bitte?«, kam es aus dem Hörer. Es war eine kleine, zittrige Stimme. »Hallo, wer ist denn da?«, fragte die zittrige Stimme noch einmal. Sie wirkte so zerbrechlich, dass sie Sabine und Tanja erschrocken machte. Bisher hatten sie immer nur die Meiers und Schulzes und Schmidts an der Strippe, die sich so forsch meldeten, dass man richtig Angst bekommen konnte. Da rasselten sie immer nur ihren Quatschsatz herunter und legten rasch wieder auf. Und jetzt diese leise Zitterstimme.

»Ich«, sagte Sabine, und die Zitterstimme fragte noch einmal: »Wer ist denn da?« – »Ich bin es, Sabine«, antwortete Sabine ganz verdattert. Plötzlich war ihr nicht mehr kichrig zumute. Selbst Tanjas albernes Grinsen ging ihr auf die Nerven. »Was möchtest du denn, Sabine?«, sagte die Stimme am anderen Ende der Leitung. Dabei klang sie freundlich und warm. Nun wusste Sabine überhaupt nicht mehr, wie sie sich verhalten sollte. Die Wahrheit sagen oder einfach auflegen? Ihr fiel nichts mehr ein, aber ihre Stimme sagte: »Eigentlich wollen wir nichts. Wir haben nur ein bisschen am Telefon gespielt und dabei Ihre Nummer gewählt. Neben mir steht noch meine Freundin, die Tanja.« Nun war es heraus und Sabine erwartete ein Schimpfen der Zitterstimme. Doch die blieb freundlich. Sie sagte stattdessen: »Ich freue mich über euren Anruf. Es ist der erste Anruf seit langer Zeit. Ich habe schon geglaubt, ich brauche das Telefon gar nicht mehr. Ich bekomme ja doch keinen Anruf.« Und nach einer Pause sagte die Stimme noch leiser als vorher: »Wer soll mich auch schon anrufen!«

»Na, wir«, sagte Sabine ganz mutig und dachte nicht mehr an das, was sie eigentlich vorgehabt hatten. Sie fragte vielmehr die Zitterstimme nach dem Alter, nach der Familie, und Hedwig Schindler erzählte. Anfangs noch zögerlich, aber langsam kam sie in Fahrt. Sabine und Tanja lernten sie alle kennen, die Mitbewohner und Nachbarn. Aber sie hörten auch von dem täglichen Einerlei der Hedwig Schindler, ihrer Einsamkeit, ihren Krankheiten, ihren Hoffnungen, ihren Ängsten um sich und die, die ihr nahe stehen, und von der Angst, überflüssig und unwichtig zu sein. Hedwig Schindler war aus der Versenkung aufgetaucht. Der Zufall hatte ihr Menschen geschickt, die ihr zuhörten und die mit ihr sprachen.

Etwas muss noch ergänzt werden. Im Telefonbuch stand hinter dem Namen »Schindler, Hedwig« auch eine Straße: »Berchtesgadener Str. 14«. An einem Nachmittag sind Sabine und Tanja mit dem Stadtbus dorthin gefahren. Lange standen sie vor dem Haus und wussten nicht, was sie tun sollten. Doch dann drückten sie bei »Schindler« die Klingel. Es dauerte lange, bis die Tür geöffnet wurde. Ganz vorsichtig und nur einen Spalt breit. »Ja, bitte«, sagte eine zittrige Stimme, und Sabine und Tanja nannten ihre Namen.

Hartmut Kulick

6. Der Pfingstbesuch – Vielleicht wird alles wieder gut

Thema: Der Geist Gottes kann verändern.

Hinführung: Wer einen lieb hat, kann alles verstehen. Genau dann wirkt auch Gottes guter Geist.

Vorlesedauer: 9 Minuten

Mutter hatte vorgeschlagen, Monika einzuladen. Kerstin war Feuer und Flamme. Ja, sie wollte Monika diese Freude machen, diesem armen Mädchen, das sein ganzes Leben lang im Heim leben musste.

Es war Pfingstsamstag. Kerstin stand auf dem Bahnsteig; der Zug rollte ein. Es war ausgemacht, Monika sollte mit einem hellen Tuch winken. Sie kannten einander ja noch nicht. Kerstin hielt Ausschau nach diesem Tuch.

Aber niemand winkte. War Monika nicht gekommen?

Doch, da! Zwischen den Reisenden, die jetzt zum Ausgang drängten, stand ein Mädchen. Ganz verloren stand es da. Jemand hatte die Reisetasche daneben gestellt. Das musste Monika sein.

Kerstin lief auf sie zu: »Guten Tag, Moni! Ich bin Kerstin. Fein, dass du da bist!«

Monika hielt den Kopf gesenkt. Sie lachte und versuchte zu nicken. Dann lallte sie ein paar Worte. Schwer und langsam kamen diese Worte heraus. Kerstin verstand sie nicht.

Dann sah Kerstin das zerknüllte Tuch zwischen Monis Fingern. Seltsam verkrampft waren sie. Nein, dachte Kerstin, mit diesen Fingern kann sie nicht winken.

Kerstin fasste nach Monikas Tasche und ging voran. Monika schleppte sich mühsam hinterher. Den linken Fuß zog sie nach.

Kerstin erschrak. Auch die Füße? Dachte sie. Die Füße sind auch verkrampft? – Ich muss langsam gehen. – Soll ich lieber ein Taxi rufen? – Habe ich genügend Geld?

Ihre Freude war auf einmal ganz klein geworden.

Nein, so hatte Kerstin es sich nicht vorgestellt.

Nicht so schlimm. Was soll ich anfangen mit ihr? Dachte sie. Wie soll das geschehen? Drei Tage lang?

Dann tranken sie zusammen Kaffee auf dem Balkon: Die Eltern, Kerstin, Monika und Dieter. Dieter war fünf Jahre alt. Er hatte gern Besuch. Ein paar Mal hatte er Monika angeschaut, sie hatte zurückgelächelt. Da war er zufrieden. Er futterte und redete drauflos, wie immer, wenn Besuch da war.

Monika hielt die Tasse zwischen beiden Händen. Sie beugte sich tief über den Kuchenteller, den Löffel zwischen die Finger geklemmt. Brocken vom Kuchen krümelten auf ihren Schoß. Dann, als sie wieder nach der Tasse greifen wollte, rutschte die Tasse ab. Kaffee floss über die bunte Decke. Monika stammelte etwas. Noch tiefer senkte sie jetzt den Kopf. Aber Mutter sagte: »Es macht gar nichts. Die Decke muss sowieso in die Wäsche.«

»Wenn *ich* was umschmeiße, schimpfen sie immer gleich«, sagte Dieter. Er lachte und sprang vom Stuhl.

Kerstin war froh, als Vater vorschlug: »Wir wollen zur Talsperre fahren. Bei diesem Wetter sind bestimmt viele Boote auf dem See.«

Monikas Augen glänzten. Sie lachte jetzt wieder. Dieter fasste nach ihrer Hand. Im Auto wollte er neben ihr sitzen.

Es war schön am See! Fröhliche Menschen schlenderten am Ufer entlang. Manche gingen über den Damm zur anderen Seite, wo der Wald begann. Die Nachmittagssonne spiegelte sich im Wasser. Kleine bunte Jollen glitten vorüber und große Boote mit weißem Segel.

Dieter lief wie ein vergnügter Hund ein Stück voraus und wieder zurück. Er las Steine und Holzstücke auf und warf sie ins Wasser.

Kerstin ging still neben Moni her. Sie hatte es schon ein paar Mal beobachtet: Die Leute drehten sich nach ihnen um. War das Zufall oder Absicht? Sie starrten auf Monika.

Was haben die Leute so zu gucken?, dachte sie empört. Das gehört sich nicht! – Aber Moni schien es gar nicht zu bemerken.

Doch dann blieb Moni plötzlich stehen. Es war etwas mit ihrem Schuh. Dunkles Blut drang durch den Strumpf. Der Schuh musste gerieben haben. Vielleicht schon lange.

Mutter prüfte den Schuh. Es waren neue und sehr kräftige Schuhe. Die Kappe war zu hart. »Es ist besser, wenn wir zurückgehen«, sagte Mutter. »Monika braucht ein Pflaster.«

Dieter war enttäuscht. Aber dann fasste er Monis Hand und fragte: »Tut es sehr weh? Du kannst ruhig sagen, wenn es wehtut.«

Am anderen Morgen passierte die Sache mit dem Nagellack. Monika saß vor Kerstins kleinem weißen Schreibtisch. Die Flasche mit dem roten Lack war umgekippt. Monika versuchte verzweifelt, mit einem Papiertaschentuch die Platte abzuwischen. Aber es wurde nur ärger davon. Der hässliche Fleck verschwand nicht mehr.

Kerstin stand an der Tür, bleich vor Schreck. Dann rannte sie in die

Küche und rief: »Sie hat meinen Schreibtisch verdorben! Sie hat ihren Nagellack umgekippt! Warum muss sie sich die Nägel lackieren? Bei solchen Fingern?«

Mutter schaute Kerstin an. Zwischen ihren Augen stand die kleine Falte, wie immer, wenn sie sich ärgerte. Nagellack auf dem weißen Holz, das war wirklich schlimm.

Aber dann sagte sie ruhig: »Viele junge Mädchen lackieren sich gern die Fingernägel. Ist Monika kein junges Mädchen?«

Kerstin konnte sich nicht beruhigen. »Das ganze Pfingsten ist verpfuscht!«, schrie sie. Tränen liefen ihr über die Backen.

»Geh jetzt zu Monika!«, sagte Mutter. »Wir lassen den Schreibtisch wieder in Ordnung bringen.«

Monika war nicht mehr in Kerstins Zimmer. Hatte sie die bösen Worte gehört?

Kerstin warf sich aufs Bett. Sie wollte nachdenken, wollte wieder ruhig werden.

Wie hatte das alles mit Monika angefangen?

Kerstin hatte von Monika gehört: Dass sie in einem Heim für spastisch gelähmte Kinder aufgewachsen war. Dass sich niemand um sie kümmerte, auch nicht ihre Eltern.

Da hatte sie ihr Briefe geschrieben, hatte manchmal ein Päckchen geschickt. Monika hatte kleine, kurze Dankesbriefe geschrieben. Rührende Worte in krakeligen Buchstaben. Kerstin hatte es schön gefunden, jemandem zu schreiben, der sich so sehr darüber freute.

Dann hatte Mutter vorgeschlagen, Monika einzuladen. Kerstin fand das wunderbar. Sie wollte lieb und freundlich zu Monika sein. Sie hatte so viel guten Willen gehabt! Aber nun war es schief gegangen mit dieser Einladung. Warum nur?

Später fand Kerstin Monika in Dieters Zimmer. Er war dicht an sie herangerückt. Sie hatte den Arm um ihn gelegt. Vor ihnen aufgeschlagen lag sein Lieblingsbuch: die Geschichte von der Mäuseschule. Dieter zeigte auf die Bilder und Monika las ihm vor. Sie las leise und langsam. Seite für Seite. Wort für Wort.

Da schlich Kerstin wieder davon.

Mutter hatte jetzt den Frühstückstisch gedeckt und brühte gerade den Kaffee auf.

»Sie liest ihm vor«, sagte Kerstin. »Monika liest Dieter aus seinem Mäusebuch vor und er hört zu. Er kann verstehen, was sie sagt. Wie kommt das?«

Mutter hielt einen Augenblick in ihrer Arbeit inne. Sie blickte aus dem Fenster, wie abwesend. Dann blickte sie Kerstin voll an:

»Vielleicht kann nur jemand sie verstehen, der sie wirklich lieb hat.«

Hanna Hanisch

7. Wir verstehen uns

Thema: Der eine Geist kann viele zusammenbringen.

Hinführung: Manchmal erleben wir plötzlich ein Miteinander, in dem wir spüren, jetzt stimmt hier alles. Obwohl wir mit Vorurteilen hingegangen sind! Von solchen Augenblicken hören wir jetzt.

Vorlesedauer: 2 1/2 Minuten

»Siehst du, wenn du nicht so getrödelt hättest, wäre uns der Zug nicht vor der Nase weggefahren!«, ruft die Mutter böse. »Immer dasselbe! Du kannst ja nie pünktlich sein!«

Der Vater geht ohne ein Wort zur Theke und lässt sich einen Korn einschenken.

»Nun sitzen wir bei all den Ausländern zwei Stunden hier im Wartesaal herum und frieren und öden uns an!« Die Mutter sieht sich wütend um.

Tatsächlich sitzen fast nur Spanier, Griechen und Türken auf den harten Bänken. Sie haben wohl Spätschicht gehabt und warten auf den letzten Zug. Ingrid sitzt zusammengeduckt und ängstlich da. Wenn die Eltern sich bloß nicht wieder zanken vor all den Fremden!

Da holt auf einmal ein Spanier seine Gitarre heraus und klimpert ein paar Akkorde. Ein anderer stampft ein paar Mal mit dem Fuß auf, wagt einige zögernde Schritte und beginnt dann in schnellem Rhythmus zu tanzen, während der andere mit harter, kehliger Stimme dazu singt.

Die anderen klatschen den Rhythmus mit. Der Tanz ist so mitreißend, dass alle Gespräche verstummen. Sogar der Vater hat sein Glas stehen lassen und kommt langsam näher.

Immer wieder werden Tänzer und Spieler angefeuert. Als sie erschöpft innehalten, stehen einige Griechen auf, fassen sich an den Schultern und fangen an, nach ihren griechischen Liedern zu tanzen, zuerst langsam und dann immer schneller.

»Mas! Mas!«, schreien die Spanier. »Mehr, mehr!«, rufen die wenigen Deutschen. Mutter ruft auch laut mit.

Vater ist dicht hinter Mutter getreten. »Ist das nicht großartig!«, sagt er bewundernd. »Besser als im Fernsehen!«, antwortet Mutter ihm lachend. »Ich friere gar nicht mehr!« *Barbara Cratzius*

8. Als die Schranke fiel

Thema: Wer sich auf den Geist Gottes einlässt, überwindet alle Vorurteile.

Hinführung: Wir grenzen uns manchmal ab, können vereinsamen und verbittern. Wenn wir aus diesem Gefängnis herausfinden, war immer der Geist Gottes im Spiel.

Vorlesedauer: 10 Minuten

Als Mrs. Harrings im französischen Wallfahrtsort Lourdes ankam, fühlte sie sich beeindruckt durch den Anblick der großen Menschenmasse, die alle Straßen und Winkel mit der Vielfalt eines ungeheuren völkischen Gemisches erfüllten. Man sah Trachten aus den verschiedensten Nationen, ein babylonisches Sprachengewirr erfüllte die Hotelhallen. Menschen aller Rassen waren hier vertreten. Mrs. Harrings kam sich verloren und einsam vor, wie immer, wenn sie in einem lebhaften Menschenstrom wandern musste. Sie beschloss, sich sofort auf eine stille Insel zu retten.

Zum Glück war ihr in der Fremdenpension lange zuvor telegrafisch ein Einzelzimmer zugesichert worden. Als sie sich beim Portier meldete, musste sie ein Weilchen warten. Sie wich einen Schritt zurück. Vor ihr stand eine Negerin und erbat in ihrem gutturalen (kehligen) Englisch Aufnahme für sich und ihr krankes Kind. Der Portier nickte freundlich. Er wusste Bescheid. Gewiss. Zimmer acht war frei.

Mrs. Harrings fuhr der Schreck durch die Glieder. Sie hatte doch die Nummer Acht zugesichert bekommen. Sollte sie Bett an Bett mit einer Schwarzen wohnen? Der Portier hob die Schultern. »Pardon, Madame, es war nicht anders zu machen. Sie sehen ja wohl selbst, dass alles überfüllt ist. Da müssen wir jeden Raum nützen.« Mrs. Harrings schlug das Herz bis zum Hals, sie zwang ihre Erregung nieder, wartete einige Augenblicke, bis die Schwarze vorübergegangen war und sagte dann: »Das ist unmöglich, ich habe in meinem ganzen Leben noch nicht mit einer Farbigen in einem Raum gewohnt. Wissen Sie, was Sie mir zumuten?«

Der Mann sah sie ruhig an. »Madame, ich vermittle Ihnen keine schlechte Gesellschaft. Die Schwarze ist die Frau eines großen Häuptlings aus Afrika, unter ihresgleichen eine Person von Rang, und außerdem katholisch wie Sie und ich.«

Mrs. Harrings war den Tränen nahe. »Sie verstehen mich nicht, Monsieur, Sie sind eben Franzose! Wie können Sie ermessen, was es für eine Amerikanerin bedeutet, mit einer Schwarzen in enge Berührung zu kommen? Wenn ich das nur geahnt hätte! Aber was tut man nicht alles aus Liebe zu seinem kranken Kind?« Der Portier wartete, bis sich die Dame etwas beruhigt hatte, dann meinte er: »Ganz recht, auch die Schwarze hat ein krankes Kind. Keine Sorge, es wird Sie nicht stören. Die Kleine ist drei Jahre alt und total gelähmt.«

Mrs. Harrings kamen die Tränen. »Das tut mir ja Leid; mein eigenes Kind liegt in Washington mit Kinderlähmung danieder. Darum bin ich hier. Es war natürlich transportunfähig für die weite Flugreise. Aber deswegen kann ich nicht mit einer Negerin gemeinsam wohnen.«

Der Portier verlor die Geduld nicht. »Es handelt sich nur um drei Nächte«, korrigierte er gelassen, »und da ist ohnehin alles schwarz, Madame. Bei Tag werden Sie wohl ebenso wie die Häuptlingsfrau unterwegs sein. Wir kennen das. Also, wollen Sie das Zimmer oder ...« Mrs. Harrings trocknete sich die Tränen. »Natürlich muss ich es nehmen, sonst kann ich ja draußen übernachten in der Menschenmenge.«

Geknickt ließ sie sich zu ihrem Zimmer geleiten. Als sie hineinkam, saß die Negerin auf ihrem Bett und kaute an einer undefinierbaren Mahlzeit. Auch das noch! Jetzt stand sie auf, ergriff den bunten Wandschirm und stellte ihn so vor sich, dass die Amerikanerin ihre braunen, in Sandalen steckenden Füße darunter hervorkommen sah.

Gott sei Dank, sie hatte wenigstens einen Schimmer von Verständnis dafür, was in ihr vorging. Wenn sie sich geräuschlos verhielt, konnte man sogar die Illusion aufrechterhalten, man sei allein. Nein, die Negerin störte nicht. Sie hatte weder Gepäck auszupacken, noch machte sie irgendwelche Anstalten, sich vom Reisestaub zu reinigen. Mäuschenstill verhielt sie sich. Mrs. Harrings legte sich nieder, ihre Nerven entspannten sich. Schon nach wenigen Augenblicken schlief sie ein.

Als sie aufwachte, war es bereits Morgen. Ja, todmüde war sie gewesen von der Flugreise, der anschließenden Autobusfahrt von Paris nach Lourdes und den Aufregungen. Sie setzte sich auf – nebenan war alles lautlos, als sei die Schwarze gestorben. Ehe Mrs. Harrings ihr Zimmer verließ, um die Frühmesse zu besuchen, warf sie doch einen Blick hinter den Wandschirm. Da saß die Negerin zusammengekauert vor dem Bett auf dem Fußboden und bewachte wie ein regungsloses Wesen den Schlaf eines Kindes, dessen dunkles Köpfchen scharf vom weißen Kissen abstach. Hatte sie auf der Erde ... ja, es musste so sein: auf der Erde geschlafen oder gewacht – was wusste sie?

Leise und seltsam bedrückt ging sie hinaus. Nun, das würde sich bei der Grotte ändern. Vielleicht fand sie eine tiefe Erbauung, wenn sie die berühmte Krankensegnung am Nachmittag miterlebte. Damit tröstete sie sich. Aber auch dort sah sie nur das Elend der Menschen vor sich ausgebreitet, die verzehrende Sehnsucht nach Heilung – wurde sie erfüllt?

Der Priester mit dem Allerheiligsten segnete jeden Kranken. Die Amerikanerin beobachtete genau, aber nichts Aufsehenerregendes ereignete sich. Dann schlich sie weg zur heiligen Quelle: schöpfte und trank mit Leere im Herzen, füllte eine Flasche für Eve, ihr Kind. Innerlich war sie wie ausgebrannt. Wie konnte sie da ihrem Kind helfen? Nein, nur nicht zurück in ihr Zimmer, am Ende war die Schwarze bereits wieder dort. Sie wollte noch einmal zur Grotte zurück. Vielleicht war es abends stiller. Doch als sie kam, hatten sich wieder Beter in Mengen dort vereint. Nur mühsam gelang es ihr, vorwärts zu kommen. Ein Priester betete vor, stimmte ein Lied an, alle sangen. Plötzlich wurde die Amerikanerin angerührt durch eine glockenklare, jubelnde Frauenstimme von solcher Leichtigkeit und Schönheit, dass sie irgendeine berühmte Sängerin vermutete und sich umwandte. Fast entsetzt schaute sie in das Gesicht der Negerin, das vor Hingebung schimmerte. In ihren Armen hielt sie das kranke Kind und sang – sang, als sei ihre Seele ein Lied geworden. Mrs. Harrings senkte den Kopf. Wie war es möglich? Wie kam eine Wilde an so eine Stimme, und warum in aller Welt sang sie mit diesem Gesichtsausdruck, während ihr Kind doch offensichtlich so krank war wie zuvor?

Der Geistliche beendete die Andacht und öffnete das Gitter. Sofort strömten die Menschen nach vorn. Auch Mrs. Harrings wurde mitgeschoben. Nun konnte sie ganz nahe vor die Füße der Statue treten. Da wandte sie sich halb um; die Negerin blieb demütig vor den Weißen zurück. In diesem Augenblick zersprang etwas im Innern der Amerikanerin. Sie ging rasch, nahm die Schwarze bei der Hand und sagte mit weicher Stimme: »Kommen Sie, meine Liebe. Bitte, hier ist Platz für Sie.«

Sie führte die Negerin bis unter die Statue. Da stand sie regungslos, mit empor gewandtem Gesicht und schimmernden Augen, als sänge ihre Seele noch. Und plötzlich musste die Amerikanerin weinen, und ihr Herz quoll über vom Gebet für Eve, für sich – nein, auch für jene, für die Negerin und das Kind.

Was war geschehen? Sie kannte sich selbst nicht mehr und kniete nieder. Die Schranke fiel ...

Später, in ihrem Zimmer räumte sie den Wandschirm weg, sprach lange mit der Schwarzen, mütterlich und gut, woher sie komme, wie lang sie gereist sei mit dem kranken Kind? Oh, nicht lange, nur drei Monate zu Fuß, ja, von Afrika über Spanien bis hierher ... »Und nun?«, fragte die Amerikanerin erschüttert, »müssen Sie wieder zurückwandern zu Fuß, ganz allein? Und ohne Heilung gefunden zu haben für Ihr Kind?«

Die Negerin lächelte. »Oh, Mrs. Harrings, ich kam ja nicht um zu bitten, sondern um zu danken. Ja, dafür, dass mein Mann Christ wurde; einige Jahre zuvor hätte er das krank geborene Kind noch unweigerlich getötet. Ist es nicht ein Glück, dass er lernte, es zu lieben, dass es leben darf?«

Die Amerikanerin schwieg überwältigt. Ehe sie schlafen ging, beugte sie sich über sie und machte das Kreuz über die Negerin. »Gott segne Sie«, murmelte sie, »es ist eine Gnade, dass ich Sie treffen durfte.«

Sie wusste nun, dass es in Lourdes Wunder gab und gibt; Wunder, die nie offenbar werden.

Cosilla Maria Lakott

9. Neuer Mut

Thema: Gottes Geist schenkt Mut und Zuversicht.

Hinführung: Gehst du nur zum Gottesdienst, weil du musst? Gehst du nicht zum Gottesdienst, weil du nicht musst? Der Vater in der folgenden Geschichte verrät ein Geheimnis.

Vorlesedauer: $2^1/_2$ Minuten

»Du, Vati«, sagt Markus am Sonntagmorgen. »Warum gehst du immer noch in die Kirche, wo du doch all die Geschichten schon kennst?« »Das, wo ich hingehe, heißt ja nicht ›Schule für Große‹«, meint Vater. »Man nennt es doch Gottesdienst!« »Ach, ich weiß schon!« Markus guckt nicht sehr begeistert. »Da soll'n wir wohl Gott einen Gefallen tun? Ungefähr so wie das Dankeschön-Sagen, wenn man von Oma Bonbons kriegt?« Vater muss lachen. Dann sagt er auf einmal: »Ich glaube beinah, es gibt viele Leute, die ähnlich denken.«

»Auch Große?«, fragt Markus. »Ja, leider!«, sagt der Vater, »und das ist sehr schade. In Wirklichkeit ist's nämlich umgekehrt: Im Gottesdienst kriegen *wir* etwas geschenkt.«

»Was denn?«, fragt Markus. »Neuen Mut!«, sagt der Vater. »Wieso?«

»Weil wir's sonst überall erst verdienen müssen, dass man uns gern hat: durch gute Zensuren, durch Lustig- und Nettsein oder wenigstens dadurch, dass wir recht stark sind. Das ist auf die Dauer sehr anstrengend, finde ich. Nur in der Kirche höre ich anderes: Es ist einer da, der mag mich so, wie ich bin. Der hilft mir auch, manches besser zu machen.«

»Ja, ja«, sagt Markus. »Gott meinst du, nicht? Bloß, warum musst du dann so weit laufen, wenn du das sowieso weißt? Du könntest es dir doch schnell selber erzählen ...«

»Das habe ich auch schon versucht«, sagt Vater. »Aber da habe ich bald Zweifel bekommen: Ob das auch wahr ist? Gibt es Gott wirklich? Und dann habe ich ein Geheimnis entdeckt: In den anderen Menschen, die an ihn glauben, in dem, was sie singen und sagen und beten – da kann man Gott finden. Da hört man ihn reden. Dann geht man mit neuem Mut wieder fort.«

»Meinst du?«, fragt Markus. »Ja«, sagt der Vater.

Friderun Krautwurm

10. Das Dorf ohne Kirche

Thema: Was der Geist Gottes alles vermag.

Hinführung: Was wäre los, wenn wir die Kunstwerke der Kirche verkaufen wollten, um armen Leuten damit zu helfen? Wir hören von einem Dorf, da ... aber hört zu.

Vorlesedauer: 2 1/2 Minuten

Das Dorf in den Bergen ist sehr arm. Die Bauern haben nur kleine Felder. Und die liegen alle an steilen Hängen. Alles muss von Hand gemacht werden. Das gibt viel Arbeit und wenig Geld.

Einmal stand im Dorf eine kleine Kirche aus Holz. Eine Kerze, die nicht gelöscht wurde, steckte sie in Brand. Seither ist dort, wo die Kirche stand, ein leerer Platz, und die Leute halten im kleinen Schulzimmer Gottesdienst. Das Dorf ist so klein, dass alle darin Platz haben. Natürlich hätten die Leute gern wieder eine Kirche, aber zuerst müssen sie sparen. Eine Kirche kostet Geld. Eine alte Frau stirbt. Alles ersparte Geld schenkt sie dem Dorf für eine neue Kirche. Da hören die Leute gerade vom großen Erdbeben in Italien. Sie sehen schreckliche Bilder, lauter eingefallene Häuser. Sie sehen, es sind armselige Dörfer, wie ihr eigenes. »Wir wollen eine Kirche bauen und dort ist solche Not?«, sagen sie. Und rasch entschlossen schicken sie das ganze Geld ins Erdbebengebiet. Die eigene Kirche haben die Leute im Dorf aber nicht vergessen. Sie sparen weiter, und langsam ist genug Geld beisammen gekommen, um mit dem Bau beginnen zu können.

»Große Not der Flüchtlinge«, steht in der Zeitung. »Niemand will die Boot-Flüchtlinge aus Asien aufnehmen.« »Können wir eine Kirche bauen, wenn Flüchtlinge keine Heimat haben?« Und ohne Zögern nehmen sie das ganze Geld, setzen drei alte Häuser instand, um in ihnen Flüchtlinge aufzunehmen. Und wieder beginnen sie mit dem Sparen.

Aber jedes Mal, wenn Sie Geld haben, hören sie bestimmt wieder von einer Not, und die Bauern im Dorf helfen jedes Mal mit ihrem ganzen Geld.

»Wir haben keine Kirche«, sagen sie, »aber es gefällt uns doch in unserem Dorf. Wir sind wie eine große Familie.« Auf dem Platz, wo einmal die Kirche stehen soll, spielen Kinder.

Josef Osterwalder

11. Die Geheimschrift

Thema:	Der Fisch als Geheimzeichen der ersten Christen.
Hinführung:	Wenn etwas verboten wird, muss man sich gegebenenfalls zu helfen wissen. Zum Beispiel durch eine Geheimschrift. So machten das auch die ersten Christen. Dazu eine Geschichte.
Vorlesedauer:	$3\,^1/_2$ Minuten

Johannes hat nach einer Bootsfahrt mit seiner Großmutter am Strand einen toten Fisch gefunden. Er schob ihn mit einem kleinen Stock ans Ufer und winkte der Großmutter.

»Das viele Öl, das in den See geflossen ist«, sagte sie, als sie herangekommen war, »dieses Gift im Wasser hat den Fisch getötet.« Johannes ritzte mit dem Stock die Umrisse des Fisches in den feuchten Sand.

»Weißt du eigentlich, dass du eine Geheimschrift der Christen schreibst?«, fragte die Großmutter. »Ich schreibe ja gar nicht, ich male«, antwortete Johannes.

»Und doch ist es so, Junge«, sagte die Großmutter. »Zur Zeit der Römer, da mussten die Christen verheimlichen, dass sie sich zu Jesus bekannten. Die römischen Kaiser sahen es nicht gern, dass sich das Christentum in ihrem Reich ausbreitete. Einige Herrscher ließen die Christen sogar verfolgen und töten. Damals ist das geheime Zeichen des Fisches von den Christen als ein Erkennungsmerkmal benützt worden.«

»Aber warum gerade ein Fisch?«, wollte Johannes wissen.

»Das hängt mit dem griechischen Namen für Fisch zusammen«, erklärte die Großmutter. »Im Griechischen sind die Buchstaben des

Wortes Fisch auch die Anfänge der Worte Jesus Christus, Gottes Sohn, Erlöser.«

»Das ist gut«, sagte Johannes. »Das konnte keiner herausbekommen.«

»So ist es, Johannes. Wenn aber ein Christ vor vielen hundert Jahren dich hier beobachtet hätte, wie du einen Fisch in den Sand malst, dann hätte er dich freudig begrüßt. Er hätte gleich gewusst, das ist einer von uns! Sei gegrüßt, Bruder, hätte er gesagt und dich umarmt.«

»Ich werde auch ein solches Geheimzeichen erfinden«, sagte Johannes. Er schrieb die Buchstaben FISCH untereinander in den Sand. Für das C fand er schnell CHRISTUS. Mit dem S schrieb er SOHN GOTTES. Dann wurde es schwerer. Großmutter schlug vor: »Für das I kannst du ruhig JESUS schreiben. Das hat man früher oft so gemacht.«

»Und für das H schreibe ich HEILAND«, wusste Johannes. Für das F fanden aber weder Großmutter noch Johannes einen passenden Namen.

»Was sind das für Fische?«, fragte Anna, seine Schwester, die verschlafen herangekommen war.

Laut las er vor: JESUS, SOHN GOTTES, CHRISTUS, HEILAND.«

Großmutter sagte: »Ich glaube, die Anna hat mit ihrer Frage eine Lösung gefunden. Wir schreiben einfach:

F – Fisch =

I – esus

S – ohn Gottes

C – hristus

H – eiland.

Anna malte mit ihrem Finger einen Fisch in den Sand. Da stürzte Johannes auf sie zu, umarmte sie und schrie: »Sei gegrüßt, Schwester, du bist auch eine von uns.«

»Bin ich schon immer, du Doofmann«, sagte Anna.

Willi Fährmann

S. 14 Markus tut etwas Leid, Friderun Krautwurm aus: Steinwede/Ruprecht, Vorlesebuch Religion 2 © Verlag Ernst Kaufmann, Lahr, Vandenhoeck & Ruprecht, Patmos und TVZ

S .14 Das Kind mit den großen Händen, Hermann Multhaupt
© Hermann Multhaupt, Paderborn

S. 17 Bejubelt und fallen gelassen
aus: Wenn die Sonne wieder lacht © Neue Stadt Verlag, München

S. 18 Ein Hörnlein bläst den Tod an, Josef Quadflieg © Josef Quadflieg, Trier

S. 28 Zwei Euro, Susanne Kilian, aus: Susanne Kilian, Kinderkram (Gulliver Tb) © 1987 Beltz Verlag, Weinheim und Basel Programm Beltz & Gelberg, Weinheim

S. 32 Die Sache mit der Schultasche, Rolf Krenzer © Rolf Krenzer, Dillenburg

S. 36 Silberpfeil und Roter Blitz, Hans-Heinz Riepe © Hans-Heinz Riepe, Schwerte

S. 41 Die Gerichtsverhandlung, Helmut Jaschke
aus: Helmut Jaschke, Feste im Kirchenjahr, Erzählbausteine für Religionsunterricht und Kindergottesdienst © Kösel-Verlag, München 2000, S. 107 f.

S. 43 Von den Nägeln im Zaun, Monika Stelter © www.lifegate.de

S. 44 Eiskalte Überraschung, Herbert Scholl © Herbert Scholl, Remscheid

S. 48. Was soll Tamara tun?, Manfred Mai aus: 44 Zweiminutengeschichten
© 1995 by Ravensburger Buchverlag Otto Maier GmbH, Ravensburg

S. 54 Der Hunger ist groß;aus: In Afrika ist immer August. Sechzig Schulaufsätze neapolitanischer Kinder. Hrsg.von Marcello D'Orta.
Aus dem Italienischen von Linde Birk.
© 1991 Diogenes Verlag AG, Zürich

S. 56 Die zwei Welten, Willi Hoffsümmer; aus: Willi Hoffsümmer,
Anschauliche Predigten für Kinder-, Jugend- und Familiengottesdienste
© Matthias-Grünewald-Verlag, Mainz ^{5}1993, S. 96 ff. leicht verändert

S. 58 Das Opfer aus: Reinhold Frey/Michael Hübner/Frieder Trommer: Geschichten für die Jungschar von A-Z © R. Brockhaus Verlag, Wuppertal, 5. Auflage 2000

S. 58 Die Geschichte vom unwissenden Bauern, Eine Welt in der Schule
aus: "Dritte Welt" in der Grundschule 8, 1986, H. 1.
© Eine Welt in der Schule, Bremen

S. 60 Das sonderbare Bild
aus: H.O. Knackstedt/H.G. Koitz/M. Lorentz, Messfeiern mit Kindern
© Bernward Verlag, Hildesheim/Verlag Butzon & Bercker, Kevelaer 1975, S. 77 f

S. 62 Der dumme Martinez, Josef Quadflieg
© Josef Quadflieg, Trier

S. 63 Sekunden der Entscheidung, Helmut Pätz
© Helmut Pätz

S. 65 Ich lache mit ihnen, Gertrud Weidinger
aus: Garmeier/Weidinger/Wuckelt, Ich will dich preisen.
Werkbuch für den lebendigen Ministrantendienst
© Kösel-Verlag, München 1987

S. 67 Hanna und die Sonnenblume, Edda Reschke
aus: Edda Reschke, Bunter Schmetterling und schwarzer Vogel. Mit Kindern Abschied erleben © 1999 Lahn-Verlag, Limburg-Kevelaer, S. 67 f.

S. 68 Gespräch mit der sehr alten Tante Emmy, Antoinette Becker
© Nicolas Becker, Berlin

S. 70 Einsam wie Jesus, Rolf Krenzer; aus: Rolf Krenzer, Drum feiern wir ein Fest
© Echter Verlag, Würzburg ^{3}1997, S. 78-81

S. 77 Scheinbar tot und doch lebendig, Monika Endres
© Geschichte und Text Monika Endres, Heidenfeld

S. 84 Halleluja, Gudrun Pausewang; © Gudrun Pausewang, Schlitz

S. 89 Aus dem Tod entsteht Leben, Norman Vincent Peale
aus: Norman Vincent Peale, Die Wirksamkeit positiven Denkens
© 1987 Oesch Verlag AG, Zürich

S. 90 Vom Dunkel ins Licht, Ulrich Peters
aus: Ulrich Peters, Lebensträume. Märchen für jene, die gern träumen
© 1987 Lahn-Verlag, Limburg-Kevelaer, 7. Auflage 2000

S. 93 Krishans Kreuz, Angelika Blum © Angelika Blum, Menden

S. 95 Aus Leid zur Herrlichkeit; nach Richard von Volkmann-Leander, Das kleine bucklige Mädchen; aus: Richard von Volkmann-Leander, Träumereien an französischen Kaminen
© Verlag N.G. Elwert, Marburg

S. 96 Die Heimkehr, Gudrun Pausewang © Gudrun Pausewang, Schlitz

S. 100 Der Korb Ostereier, Jo Hanns Rösler © Rösler-Haus, Fischbachau-Hundham

S. 105 Das Lösegeld, Berthold Lutz © Berthold Lutz, Würzburg

S. 114 Die Hölle ist nicht unten, Renate Schupp aus: Steinwede, Neues Vorlesebuch Religion 1; © Verlag Ernst Kaufmann, Lahr

S. 118 40 Tage nach Ostern, Hermine König
aus: Hermine König, Das große Jahresbuch für Kinder
© Kösel-Verlag, München, 2. Auflage 1996, 209 f.

S. 121 Ich geh euch voraus, Renate Günzel-Horatz
aus: Renate Günzel-Horatz, Geschichten zum Kirchenjahr
© 1984 Patmos Verlag, Düsseldorf

S. 130 Als der Wind kam, Ursula Wölfel
aus: Ursula Wölfel, Siebenundzwanzig Suppengeschichten
© 1968 by K. Thienmanns Verlag, Stuttgart-Wien

S. 134 Jakob erwischt den Heiligen Geist, Lene Mayer-Skumanz
aus: Lene Mayer-Skumanz, Jakob und Katharina
© Verlag Herder, Freiburg, 16. Auflage 2002

S. 136 Von kantigen Herzen © Materialdienst des Rhein. Verbandes für Kindergottesdienst, Nr. 45, Febr. 1991, ausprobiert 1990 im Kirchenkreis Wetzlar

S. 139 Die Löwenzahnpredigt des Franziskus, Siegfried Macht
aus: Macht, Siegfried, Gemeinsam durch das Kirchenjahr. Brunnen Verlag, Gießen 1999
© Siegfried Macht, Bayreuth

S. 141 Der Telefonstreich, Hartmut Kulick © Hartmut Kulick, Biberach

S. 143 (Der Pfingstbesuch) – Vielleicht wird alles wieder gut, Hanna Hanisch
aus: Steinwede, Vorlesebuch Religion 1
© Verlag Ernst Kaufmann, Lahr, Vandenhoeck & Ruprecht, TVZ

S. 147 Wir verstehen uns, Barbara Cratzius; aus: Kinder im Kirchenjahr, S. 138 f.
© Brunnen-Verlag, Gießen ^{9}1999

S. 152 Neuer Mut, Friderun Krautwurm; aus: Rolf Krenzer, Kurze Geschichten 2
© Verlag Ernst Kaufmann, Lahr

S. 154 Das Dorf ohne Kirche, Josef Osterwalder
aus: Josef Osterwalder, Erzähl mir eine Geschichte von Gott, Topos Taschenbuch 178
© Matthias-Grünewald-Verlag, Mainz, 3. Auflage 1993, S. 46 f.

S. 155 Die Geheimschrift, Willi Fährmann
© Willi Fährmann, Xanten